LA FE Y LA ECONOMÍA

LOREN CUNNINGHAM

LA FE Y LA ECONOMÍA

La aventura de una vida de fe

EDITORIAL JUCUM

Editorial JUCUM forma parte de Juventud con una Misión, una organización de carácter internacional.

Si desea un catálogo gratuito de nuestros libros y otros productos, solicítelo por escrito o por teléfono a:

Editorial JUCUM
P.O. Box 1138, Tyler, TX 75710-1138 U.S.A.
E-Mail: info@editorialjucum.com
Teléfono: (903) 882-4725
www.editorialjucum.com

La fe y la economía: La aventura de una vida de fe
Copyright © 2005 por Loren Cunningham
Versión Española Antonio Pérez
Edición Miguel Peñaloza
Publicado por Editorial JUCUM
P.O. Box 1138, Tyler, TX 75710-1138 U.S.A.

Publicado originalmente en inglés con el título de
Daring to Live on the Edge: The Adventure of Faith and Finances
Copyright © 1991 por Loren Cunningham
Publicado por YWAM Publishing
P.O. Box 55787, Seattle, WA 98155 U.S.A.

Segunda edición 2013

ISBN 978-1-57658-775-1

Impreso en los Estados Unidos

Índice

Reconocimiento

Todo libro es un esfuerzo colectivo. Deseamos dar las gracias a las siguientes personas que ayudaron a hacer posible Tu fe y tu dinero:

David Aikman, Marty Akin, David Barrett, Andy Beach, Geoff y Janet Benge, Harry Conn, Warren B. Eaton, Lucy Flach, Dawn Gauslin, Rod Gerhart, Phyllis Griswold, Chuck Hartle, Rene Hartzner, David Hazard, Paul Long, Winkie Pratney, Felicia Putnam, Jim Rogers, Jim Shaw, Scott y Sandi Tompkins, William Turner, Pam Warren, y a todos los que nos contaron sus experiencias y confianza en la provisión de Dios.

Una palabra del autor

Este libro va dirigido a dos tipos de lectores; dos tipos distintos de público, con distintas necesidades y razones para leerlo.

De una parte están los misioneros y todos los obreros cristianos de tiempo completo en el presente o en el futuro. Ellos deben saber tomar decisiones, confiar en Dios y obedecerle para obtener la provisión económica.

De otra parte está la gente que se sienta en los bancos de la iglesia, gente que trabaja en empleos «seculares». Ellos también necesitan aprender a obedecer a Dios y confiar en sus milagros.

No se puede pretender que un solo libro sirva para lectores tan diversos. Pero Dios ha diseñado las cosas de tal forma que su obra no se puede llevar a cabo sin colaboración.

Este libro encierra mucha sustancia para cada uno de los importantes protagonistas de la misión mundial, tanto el que sirve fielmente en congregaciones locales, orando y dando dinero para la obra de Dios, como para el que parte como misionero.

Dado que cada función es importante en el sistema dispuesto por Dios, debo hacer una petición poco frecuente al lector: lea este libro en su totalidad. Aunque el capítulo 9 está dedicado principalmente a los que viven en un mundo seglar, los mismos principios serán válidos para los que hacen misión o trabajo cristiano.

Del mismo modo, los que están inmersos en el mundo seglar encontrarán mucha materia, entre los capítulos 11 y 14, que les ayudará a colaborar con los que están trabajando en el campo misionero. El lector notará a lo largo del libro que la mayor parte de los ejemplos que facilitamos se han sucedido a lo largo de treinta y un años de confianza en la provisión de Dios para realizar la obra misionera en más de doscientos países. No obstante, dado que he enseñado los principios basados en tales experiencias en conferencias con empresarios, directores generales y líderes políticos de varias naciones, he aprendido que todos nosotros nos enfrentamos a idénticos desafíos: dar pasos de fe y atrevernos a vivir al límite para probar nuestra fe en Dios. Además, todos necesitamos aprender los unos de los otros para poder ser compañeros eficaces y llevar a cabo la obra de Dios en la tierra.

Nunca es fácil dar el primer paso en la cuerda floja para Dios. Ya sea su primera oportunidad de oír y obedecer, o su milésima, siempre es estimulante. Pero una vez que haya experimentado el estremecimiento de la obediencia radical, usted nunca será el mismo. Pido a Dios que la lectura de este libro le disponga a dar el primer paso, o el paso mil, para caminar en pos de nuestro valiente comandante.

CAPÍTULO 1

Estropeados por la rutina

Nubes de polvo invadían el aire mientras avanzábamos por caminos retorcidos en la tierra de Ibo, al este de Nigeria. Eché un vistazo a mi anfitrión, Walter Kornelson. Tenía una complexión ruda, acentuada por el polvo y el sudor.

Yo iba a acompañar a Walt —misionero entrado en años— y a su esposa, durante cinco días, cinco días que yo anhelaba con inmensa ilusión. Él era un evangelista fornido que trabajaba con mucho entusiasmo. A pesar de que yo era joven y hacía mis pinitos en el campo misionero, me sentía cómodo acompañándole a sus reuniones de evangelización. Lo más interesante de todo era predicar durante los cinco días a los ibos de África.

—Loren, nos alegramos de que hayas venido —dijo Walt desviando los ojos de la carretera pero sin disminuir la velocidad. Los pollos revoloteaban con su cacareo de protesta delante de nuestra camioneta. «He venido predicando en una de estas aldeas todas las noches sin interrupción por espacio de cuatro meses —dijo, sonriendo abiertamente—. Será bueno que predique otro misionero para tener un cambio».

Hice una señal afirmativa con la cabeza disponiéndome a responder, y de repente *¡pluff!*, un desagradable estallido resonó contra el camino de tierra. El vehículo dio bandazos, pero Walt sujetó firmemente el volante y consiguió detenerlo. Yo no necesité ninguna explicación. Me bajé con él a inspeccionar el daño. El reventón de una llanta suena lo mismo en cualquier parte del mundo.

Señor, ¡qué voy a hacer ahora! —Exclamó Walt mientras iba en busca de la rueda de repuesto, con los hombros caídos por el nuevo contratiempo.

¿Qué pasa? ¿Acaso no podemos comprar una llanta en Enugu? —pregunté yo.

Bueno sí, pero... su voz se disipó al tiempo que se ocupaba de la llave y las tuercas.

Apenas pronunció palabra después de subir a la camioneta y cojear por el camino. Finalmente dijo: —Lamento desanimarte, Loren; siento de verdad no poder llegar a nuestro destino, pero tendremos que esperar hasta recibir dinero para cambiar la llanta. Con mano de obra incluida cuesta unos cuarenta y cinco dólares aquí. No sé lo que vamos a hacer.

Tú tienes cuarenta y cinco dólares —me susurró una leve voz interior.

Sí, pero es todo lo que tengo —protesté yo—. Y en cinco días tendré que irme de aquí, dejar la seguridad relativa de la gente que conozco y volar a Jartum, Sudán, para hacer una escala de dos días. Dos días en una ciudad extraña. Necesitaré un lugar donde alojarme, comer algo, pagar el transporte... Ni siquiera cuarenta y cinco dólares serán suficientes para hacer frente a todos esos gastos.

Luego pensé: *Mamá y papá le darían este dinero, aunque fuera todo lo que tuvieran*. Yo les había visto confiar en Dios y compartir lo que tenían durante veinticinco años, y Dios nunca les había fallado.

Walt —dije yo—, déjame pagar la llanta. Vamos a comprarla ahora mismo.

Él protestó un poquito: «¿Estás seguro, hijo? Tienes un largo viaje por delante». Pero yo insistí, y encontramos un taller en una calle polvorienta.

Costó cuarenta y dos dólares, por lo que me quedaron tres en el bolsillo; pero el reverendo Kornelson y su señora no lo sabían. Nos lanzamos a vivir cinco intensos días con sus noches. En cada aldea, tan pronto como *llegábamos* y *montábamos* el equipo para proyectar una película evangélica, aparecía la gente como por arte de magia de entre los arbustos. A veces, al oscurecer, se daban cita dos mil personas y se apretujaban delante de la pantalla. Después de la película yo predicaba con la ayuda de un intérprete y de un megáfono de mano. Fue fabuloso.

Pero mi fecha tope y secreta se aproximaba mientras seguía preocupado porque tenía sólo tres dólares. ¿Qué iba a hacer en Jartum?

Me hacía esta pregunta en silencio cada vez que Walt pasaba rutinariamente por su apartado de correos. Tal vez haya una carta para mí con algo dentro —pensaba. Pero, ¿sabía alguien que yo estaba allí? ¿Podría el correo encontrarme en el país donde habitaban los indígenas ibos? El último día, antes de que yo saliera, Walt pasó por la oficina de correos una vez más, en dirección a la selva. Regresó sin prisa a la camioneta, con su enorme cuerpo un poco encorvado mientras hurgaba en un montón de cartas.

—Mira, Loren —dijo Walt—, han dado contigo en este rincón del planeta.

Acto seguido me entregó una carta de unos amigos de Los Ángeles. La abrí y tragué saliva. Ciento cincuenta dólares que alguien me enviaba por primera vez.

Yo no debería haberme sorprendido de la fidelidad de Dios, pero, cuando uno vive *al límite*, confiando sólo en Dios, e ignorando de dónde procederá el próximo dólar, nunca cae en la rutina.

Probablemente pensará usted, querido lector, que aunque Dios me socorrió en aquella ocasión, en realidad no me encontraba en una situación desesperante porque hubiera podido quedarme con los Kornelson hasta cuando me llegara dinero. Pero les contaré el caso de Evey y Reona.

Evey Muggleton y Reona Peterson creyeron que Dios las estaba guiando para que viajaran a Albania, uno de los países más hostiles al Evangelio, a principios de la década de los setenta. En 1967, Albania se declaró la primera nación atea del mundo. Cerraron todas las iglesias, sinagogas y mezquitas, y escarmentaron a los que se resistían a negar a Dios: les metían en barriles y les arrojaban al mar Adriático.

Por tres años Evey y Reona oraron pidiendo a Dios que abriera el camino hacia Albania. En una de sus oraciones Reona vio claramente, a través de una imagen mental, que se encontraba en Albania, así como un viaje en autobús y la cara de una mujer.

Por fin obtuvieron las visas para entrar a Albania y se incorporaron a un viaje turístico de jóvenes —en su mayoría marxistas— europeos occidentales. Viajaron en autobús, como lo anticipó la visión que tuvo Reona.

Evey y Reona introdujeron de contrabando, por la frontera albanesa, algunas porciones del Evangelio adheridas a sus cuerpos. Una vez dentro del país —a pesar de la estricta vigilancia—, se las arreglaron para colocar secretamente los folletos en distintos lugares públicos para que la gente los encontrara.

Un día, una empleada del hotel entró en la habitación de Reona. Para sorpresa de ésta, era la misma mujer que había visto en la visión tres años antes. Reona supo entonces que debía hablar con la mujer y entregarle un folleto. Reona traspasó la barrera lingüística con las palabras más sencillas que conocía: «Marx, Lenin, no; Jesucristo, sí». La mujer tomó el Evangelio de buena gana, lo apretó contra su pecho y dijo, con lágrimas en los ojos: «yo también cristiana»; luego guardó el folleto en un bolsillo.

Unas horas más tarde golpearon estrepitosamente la puerta de Reona y se la llevaron a un cuarto con luz pálida y lleno de humo, en donde cinco hombres la esperaban. Le mostraron el Evangelio que había regalado a la mujer. Reona se vino abajo: habían sorprendido a su nueva amiga con el librito.

Comenzaron a interrogarla y a acusarla de ser espía y de cometer crímenes contra el pueblo de Albania. Mientras Reona permanecía tranquila, insistiendo en que era inocente, los hombres se ponían cada vez más furiosos. De pronto, el que dirigía el interrogatorio exclamó: «No estás colaborando. Te mantendremos aquí hasta que confieses».

En otro cuarto, Evey estaba siendo sometida a otro interrogatorio similar. El proceso continuó por dos días y dos noches para ambas mujeres. No se les dio a probar bocado; sólo un poco de agua, y se les permitió dormir por algunas horas. Los hombres las mantuvieron separadas, amenazándolas a la cara, procurando infundirles miedo. Pero las mujeres defendieron su inocencia con el silencio.

Por último, uno de los acusadores advirtió fríamente a Reona: «Usted ha traicionado a la gloriosa República Popular de Albania, y a los traidores se les fusila. Vendremos por usted mañana a las nueve».

A la mañana siguiente volvieron y las sacaron bruscamente de sus cuartos. Sin embargo, en vez de ser ejecutadas, Evey y Reona fueron abandonadas, sin ninguna explicación, en la frontera, no sin haberles quitado los pasajes de regreso.

Después de haber escapado a la posibilidad de morir frente a un pelotón de fusilamiento, tendrían que confrontar un reto aún mayor para su fe. Estas dos mujeres jóvenes, cargadas con pesadas maletas, tendrían que cruzar unos diez kilómetros de pantanosa tierra de nadie, hasta la frontera entre Albania y Yugoslavia. Después tendrían que recorrer unos mil kilómetros de costa yugoslava, atravesar el norte de Italia y cruzar los Alpes hasta llegar a su casa en Lausana, Suiza. ¿Podían confiar que Dios las llevaría a casa sin dinero, sin pasajes y sin conocer dichos países ni sus lenguas?

Respondieron con fe. Después de todo, confiaban en que el mismo Dios que las había librado del pelotón de fusilamiento era capaz de ayudarlas a recorrer el camino a casa.

Entonces se produjeron una serie de pequeños milagros. Un taxi apareció contra todo pronóstico en la tierra de nadie y el taxista aceptó acercarlas a la frontera gratuitamente. Desde allí, hicieron una serie de recorridos en *autostop*, según la usanza de la época. Pero lo que sucedió a continuación, justo antes de la frontera italo-yugoslava, fue todo un misterio.

Eran las siete de la noche y las dos mujeres estaban a varios kilómetros de la frontera italiana, tratando de tomar una decisión. No tenían liras italianas. ¿Era seguro hacer autostop por Italia en plena noche? En ese instante un elegante automóvil se detuvo al borde de la carretera. Evey gesticuló para indicar al conductor que querían alcanzar el otro lado de la frontera. El hombre aprobó con la cabeza y, sin articular palabra invitó a las mujeres a cargar sus equipajes y entrar al coche. Luego se dirigió hacia la aduana. Allí encontraron una larga fila de autos que aguardaban la inspección y el control de pasaportes, pero el conductor pasó por un carril aparte y cruzó directamente la frontera yugoslava saludando con la mano. «¿Quién será éste hombre? —se preguntó Reona—. Debe ser algún funcionario yugoslavo de alto rango ya que puede salir del país de forma tan poco ortodoxa». Pero las jóvenes mujeres se asombraron aún más cuando llegaron a la aduana italiana. De nuevo encontraron otra larga fila de autos que esperaban pacientemente para ser admitidos en Italia. En esta ocasión el conductor no saludó y ni siquiera frenó. Se desvió por otro carril y se adentró en territorio italiano.

¿Quién era este hombre? Un funcionario comunista podría haber pasado el control yugoslavo sin detenerse, pero ¿no debía haberse detenido y obtenido permiso para entrar a Italia?

El conductor guardó silencio durante todo el viaje. Finalmente se detuvo en una aldea italiana, diez kilómetros adentro, junto a una parada de autobús. Entregó una suma considerable de liras a Reona, la miró y soltó sus primeras palabras: «Autobús, Trieste; Trieste, tren».

Y eso fue todo. Luego siguió su camino. Pero con las instrucciones recibidas, ellas tomaron el autobús hasta Trieste, y desde esta ciudad, el tren hasta Lausana. Con el poco dinero que les quedaba, más el que recibieron del extraño silencioso, tuvieron suficiente para cubrir el resto del viaje.

¿Resulta rara esta historia, o lejana a su propia experiencia? ¿Es Dios tan real y tan práctico como para incluir en su provisión instrucciones exactas para llegar a casa? Espero que al leer este libro usted también aprenda a confiar en él, dondequiera que se encuentre y cualesquiera sean los retos que tiene que enfrentar.

Hay muchas maneras de confiar en la provisión de Dios. Podemos aprender a vivir por fe en su variada provisión. Y podemos dar un paso adelante y comprobar que él actúa en favor nuestro. Lo mejor de todo es que es posible conocer sus caminos. Una vez que se ha experimentado la vida de fe, ya no hay tiempo para la rutina.

A medida que muchos han observado el rápido crecimiento de miembros y ministerios de Juventud con una Misión, se han preguntado cómo ha sido posible hacer tanto en tan poco tiempo. Yo digo a la gente que no fui yo el que estableció JUCUM, sino el mismo Señor Jesucristo. Casi podría decir que soy un mero observador de lo que él ha hecho. Un factor importante para el rápido crecimiento de nuestra misión ha sido la manera en que Dios nos ha guiado en la fe y en la economía. A menos que se conozca a Dios y su poder milagroso, es imposible comprender cómo pudo ocurrir tal crecimiento.

Quisiera compartir algunos principios que hemos aprendido para ayudar a los cristianos a ver de qué formas actúa Dios, y aprendan a tener confianza en él. En nuestro mundo contemporáneo todos necesitan dinero debido a que casi todas las cosas que se hacen implican dinero. Si lo desea en su corazón, Dios le guiará a un estilo de vida en el que todo se hace por fe en él, incluida la forma de obtener y de gastar el dinero. Este mensaje es válido para todos. Va dirigido a:

- las familias jóvenes que intentan diezmar cuando sus ingresos son insuficientes;
- el pastor de iglesia que no tiene dinero para pagar el sueldo al personal y arreglar el tejado porque las ofrendas han disminuido;
- el bachiller o graduado universitario que vacila entre escoger la seguridad económica o algo mejor;
- el matrimonio de jubilados que procuran llegar a fin de mes con unos ingresos precarios.
- la misionera destacada en algún lugar solitario que se preocupa acerca del dinero que necesita;
- la persona joven o vieja que se lanza por primera vez a un ministerio cristiano de tiempo completo sin saber si es capaz de procurarse sustento;

- los que tienen algún dinero de sobra y se preguntan cuál sería la mejor manera de emplearlo para la gloria de Dios.

Este libro es para aquellos que anhelan con pasión y entusiasmo involucrarse en lo que Dios está haciendo por todo el mundo. En cualquier circunstancia en que se encuentre le deseo que cumpla lo que Dios le pide hacer, sin importar lo arriesgado que parezca. Pero depende de usted. Puede conformarse con lo común, o puede disfrutar la emoción de un nuevo caminar con Dios. ¿Está dispuesto a *vivir al límite*?

CAPÍTULO 2

¿Ha visto alguna vez un pájaro preocuparse?

¿Ha visto alguna vez que un pájaro se preocupe? ¿Un pájaro con arrugas profundas en el semblante? ¡Quizá con ojos enrojecidos y legañosos, con ojeras a consecuencia de largas noches de insomnio, o con el pico tenso, y preocupado por no saber cómo pagar la hipoteca de su nido!

Jesús recurrió a los pájaros para darnos ejemplo de cómo debemos afrontar el tema de la economía. Dice en Mateo 6:26:

> *Mirad las aves del cielo, que no siembran, ni siegan, ni recogen en graneros; y vuestro Padre celestial las alimenta. ¿No valéis vosotros mucho más que ellas?*

¡No; jamás habrá visto usted un pájaro que se preocupe! Podemos aprender de los pájaros el secreto de semejante confianza. Jesús asegura que no hay que sentir ansiedad por lo que se ha de comer o beber, o por la ropa que se ha de vestir. Es más, nos advirtió que nuestra vida sería diferente a la de los incrédulos porque ellos andan en pos de esas cosas. Nosotros debemos andar sin inquietud, como las aves del cielo.

¿Puede decir esto de la mayoría de los cristianos que usted conoce? ¿Se puede decir esto de usted? ¿Qué ocurriría si perdiera su empleo mañana, o si su negocio quebrara, o sus inversiones sufrieran pérdidas? ¿Qué sucedería si Dios le pidiera vender todas sus posesiones para ir a servirle en un campo de misión? ¿Podría confiar en que él supliría para cubrir todas sus necesidades?

Esto es lo que muchos cristianos llaman *vivir por fe*, cuando se refieren a los misioneros o ministros del Evangelio que no reciben salario y quizás no cuentan con donantes regulares ni con ningún tipo de ingresos. No obstante, yo quisiera ampliar este concepto. El Señor Jesús desea que todos vivamos por fe, como veremos en los próximos capítulos de este libro. Todo el mundo, —los que reciben salario y los que no lo reciben— tiene el privilegio de ver cómo Dios provee para sus necesidades.

Pero preguntémonos antes, ¿qué es la fe? ¿Y cómo se obtiene? ¿Es acaso cerrar los ojos y creer firmemente que Santa Claus es real? No. No importa con cuánto fervor lo crea, Santa Claus nunca será tal, sino pura fantasía. Por otra parte, Dios es real, lo crea usted o no lo crea. Su poder y su existencia no están relacionados con la cantidad de fe que uno tenga.

¿Requiere la fe desconectar el pensamiento y lanzarse por el precipicio de una circunstancia imposible? ¡Difícilmente! Soren Kierkegaard, conocido en el mundo de la filosofía y la teología, popularizó la expresión «un salto de fe ciega». Pero la fe bíblica ni es *ciega* ni es un *salto*. Es *andar* en la *luz*.

La Biblia afirma que *la fe es la certeza de lo que se espera, la convicción de lo que no se ve (Heb. 11:1)*. Es decir, la fe consiste en creer que algo va a suceder antes de que suceda. Fe es creer que uno tiene todo lo que necesita aunque no tenga nada. Fe es estar profundamente seguro del carácter de Dios, sabiendo que aunque uno ignore cual es la solución a su problema, Dios la tiene.

La fe bíblica no consiste en tener sueños ilusorios; no se basa en tener deseos egoístas para satisfacer por medio de la fe. Tampoco consiste en tener una especie de concentración de «poderes» mentales o espirituales para obtener algo que se desea.

La fe bíblica procede de:

- saber lo que Dios quiere que uno haga,
- obedecer lo que él pide, y

- confiar que él puede hacer lo que uno no puede, a su manera y en su momento.

Un himno bien conocido exhorta: «Confía y obedece, porque no hay otra manera...» Yo sugiero invertir el orden de las palabras: «Obedece y confía», y deja que el Señor actúe.

Según Romanos 10:17, la fe surge al oír el mensaje, y esto ocurre al escuchar la palabra de Cristo. La fe se basa en oír lo que Dios quiere comunicarnos en su palabra escrita, el *logos*, y en su palabra individualizada, concreta, vivificada, el *rhema*. La fe bíblica no consiste en decir cosas absurdas y después esperar que sucedan. Aun cuando Dios le pidiera hacer algo aparentemente imposible, nunca le pedirá una necedad. La fe bíblica comienza cuando se escucha a Dios. La verdadera guía del Espíritu Santo, expresada en griego por la palabra *rhema*, nunca contradice al *logos*, ni al carácter de aquel que la escribió.

La primera acción de la fe bíblica proviene de saber lo que Dios desea que uno haga. La segunda consiste en dar los pasos de obediencia que él muestre que hay que dar. La fe bíblica requiere acción; no es pasiva. Un ejemplo notable de esto sucedió hace algunos años cuando nos encontrábamos en nuestra escuela de evangelización, en Suiza. Yo estaba orando con un grupo de jóvenes en una reunión de intercesión. De pronto Dios me hizo sentir la impresión de que nuestra misión era adquirir una granja. Fue una gran sorpresa ya que no estábamos orando por tal cosa, pero la idea acudió muy clara a mi mente. Por aquel entonces JUCUM contaba con varias propiedades que servían de centros de preparación para las misiones y la evangelización. Yo relaté al grupo de jóvenes la impresión que había tenido y todos juntos pedimos a Dios que nos hiciera saber si esto provenía de él. Mi pensamiento se lanzó rápidamente a especular sobre la idea. Imaginaba que una granja podría ser un lugar excelente para formar misioneros jóvenes, así como para producir alimentos para autoabastecernos y para la venta.

Al cabo de un rato la Palabra de Dios fue confirmada a uno o dos miembros del grupo de oración. Terminamos la reunión dando gracias a Dios y confiando que él cumpliría lo que nos había mostrado.

Al día siguiente, una mañana neblinosa de primavera, salí temprano a caminar. Pasé junto a una granja cerca de nuestra escuela. Se celebraba allí una subasta y todas las herramientas de labranza estaban siendo adjudicadas. Instantáneamente supe que debía hacer algo —un acto de fe y obediencia para dar seguimiento a lo que Dios nos había prometido el día anterior. Volví a casa rápidamente y hablé con Joe Portale y Heinz Suter, dos miembros del personal que hablaban francés. Llegamos a la subasta a tiempo para adquirir un carro de madera, un rollo de alambre de púas y un cántaro para guardar leche.

Arrastramos el carro a casa, lo estacionamos en el césped frente a la escuela, y guardamos lo demás hasta cuando Dios quisiera concedernos la granja. Supongo que a algunos les parecería una necedad, pero nosotros éramos lo suficientemente ingenuos para creer que Dios lo había mostrado así y que, por tanto, lo haría. Ese mismo fin de semana, una de las jucumeras europeas viajó a su casa para visitar a su familia. Ella le contó a su papá, un pastor suizo, que Dios nos había mostrado que íbamos a tener una granja.

Algunos padres podrían haber tomado en broma o criticado tal noticia, pero el padre de esta joven formaba parte de la junta directiva de un ministerio cristiano ubicado en una hermosa granja (valorada en más de un millón de dólares por aquel entonces). Los responsables de ese ministerio habían sentido que su labor había concluido, y buscaron por tres años una organización cristiana que administrara la granja.

De este modo recibimos una granja que costaba un millón de dólares, libre de gastos. El mayor gasto que tuvimos fue por valor de mil francos suizos que pagamos por el viejo carro de madera, el rollo de alambre y el cántaro Por más de veinte años la granja de Burtigny ha servido para discipular a los jóvenes y producir comida para muchos obreros de JUCUM.

El carro permaneció como pieza decorativa delante de la escuela hasta cuando fue trasladado a la granja, en donde se fue deshaciendo poco a poco a causa del efecto del tiempo. E incluso entonces, Heinz Suter (quien actualmente dirige la granja) guardó un pedazo del carro, el cual sirvió para hacer una placa decorativa que finalmente me regaló. Esa placa es un recordatorio constante de que Dios proveerá si yo doy los pasos de obediencia cuando él me hable.

Piense en los grandes milagros de la Biblia. A menudo requirieron pasos de obediencia previos. Las murallas de Jericó se derrumbaron, pero sólo después de siete días de marcha alrededor de ellos. El general caldeo fue sanado de la lepra, pero después de viajar varios días y zambullirse siete veces en el río Jordán. El Señor Jesucristo mandó al ciego que se lavara los ojos en el estanque de Siloé para ser sanado. A Pedro se le instruyó que fuera a pescar para hallar dinero —y lo encontró en la boca de un pez. Los milagros fueron efecto de pasos concretos de obediencia.

El tercer componente de la fe bíblica proviene de confiar en que Dios va a hacer su parte.

Cuando hablamos de confianza debemos conocer bien a aquel en quien se nos pide confiar. Imagine que un vendedor le visita para pedirle que firme un contrato y le dice: «No necesita leer la letra pequeña ni conocer a fondo mi empresa, ni los servicios que vendemos. ¡Confíe en mí!» ¿Confiaría usted en él? ¿Podría hacerlo? Por eso la confianza y la fe en la Palabra de Dios tienen que estar firmemente asentadas en el conocimiento de su carácter y sus antecedentes. Estudie los atributos de Dios en la Biblia. Lea atentamente sus promesas en la letra pequeña del contrato. Lea los relatos de su fidelidad, tanto de los tiempos bíblicos como de los tiempos modernos. Anote las veces que usted sabe con seguridad que Dios no le defraudó en el pasado. Cuando esté profundamente convencido de que él es absolutamente digno de confianza, podrá tener fe. A veces, vivir por fe significa esperar, darle a él la oportunidad de actuar.

Un granjero me lo explicó de la siguiente manera: Dios le pide a usted que se suba sobre la rama de un árbol. Una vez allí, usted oye un sonido parecido al de una motocicleta. Gira la cabeza y ve al diablo que está cortando la rama con una motosierra. La fe bíblica consiste en mantenerse en el extremo de la rama y observar a Satanás aserrando hasta que la rama caiga, mientras usted queda encaramado en su rama». Eso es la fe. No es fe en el árbol o en la rama. Es fe en la Palabra, y fe en El que respalda su Palabra.

Muchos cristianos nunca comprueban que Dios es totalmente digno de confianza. Permanecen económicamente autosuficientes y nunca se suben a la rama, nunca hacen nada fuera de lo común. Al contrario, parecen preguntar a sus cuentas corrientes: «¿Me permites hacer esto para Dios?».

Aquellos que confían en Dios verán que hacen cosas que no pueden completar sin su ayuda. Darán pasos de obediencia y luego permitirán a Dios realizar su parte. Es decir, la fe bíblica requiere hacer lo posible y dejar que Dios haga lo imposible. La fe sólo actúa cuando no queda ningún otro recurso más que Dios.

Les contaré el caso de un joven que se subió a una rama. David Snider se hallaba en las Islas Vírgenes ayudándonos a dirigir grupos de jóvenes voluntarios en varias islas durante un *Verano de Servicio*. David viajó a San Juan para comprar provisiones y descubrió que costaban más de lo previsto. Debía regresar a Santo Tomás el domingo para asistir a ciertas reuniones pero se había gastado todo el dinero. Oró con el grupo de San Juan y todos sintieron que debía regresar para las reuniones previstas. Pero la cuestión era cómo pagar el pasaje. Llegó el día del regreso y David seguía sin dinero. Recordó entonces que, en el viaje de ida, el inspector del barco había reclamado los boletos a los pasajeros a mitad del viaje. Confiadamente se dirigió al muelle y se detuvo antes de subir la pasarela. ¿Había oído a Dios correctamente? Una queda voz interior le aseguró: Sí. ¡Ve! Encontró un asiento en el piso de cubierta entre otros setenta pasajeros, y en seguida se puso a hablar con los que estaban sentados a su lado: un médico caribeño y su esposa. Ellos le preguntaron discretamente acerca del objeto de su visita a las islas, y David lo explicó en forma muy sencilla: estaba allí con un grupo de jóvenes para hablar de Dios a la gente nativa.

El tiempo pasó deprisa, demasiado rápido para David quien se las arregló para disimular su preocupación mientras charlaba con sus nuevos amigos. ¿Qué pensarían ellos cuando fuera descubierto como un polizón, después de haberles hablado del Señor Jesucristo? De pronto vio al inspector de la compañía naviera que se acercaba recogiendo los pasajes. David continuó su agradable conversación, ojeando de vez en cuando para saber cuánto se había acercado el inspector.

En un breve instante éste se precipitó delante de David. Cuando el viajero echó mano a su bolsillo vacío, el médico intervino amablemente: «No, déjanos pagar tu viaje».

Tal vez nunca se haya visto usted en semejante circunstancia, pero quizás haya pasado por un instante que requería la intervención inmediata de Dios. ¿Cómo puede estar seguro de que Dios no le va a defraudar cuando el diablo corte su rama? La clave está en obedecer a Dios y conocer en una forma personal a aquél en quien usted confía.

Dios puede llamarle a aceptar un empleo asalariado. Si obedece, puede ser guiado a una vida de fe. Si persevera en lo que escucha, pida a Dios que le ilumine cómo administrar su salario y cómo obedecerle en todos los aspectos de su vida. Así usted vivirá por fe.

Él puede guiarle a hacer una inversión. Si actúa según la voluntad de Dios, usted vivirá por fe, ya obtenga beneficios o recoja pérdidas. Conozco a un empresario que fue guiado a hacer inversiones en la República Popular China por varios años. Perdió dinero en todas sus *empresas* en este país, pero el Señor le permitió ganar dinero en todas las demás, de manera que sus proyectos en la China allanaron el camino a otros cristianos que fueron allí a evangelizar. También hizo amistad con algunos funcionarios del gobierno y compartió su fe con ellos. Yo diría que mi amigo es un misionero *por fe*, en el pleno sentido de la palabra.

Dios puede llamarle a ir a un país, como misionero, de un modo más tradicional. Puede guiarle a compartir sus objetivos con otros a fin de que ellos apoyen su trabajo. Él puede pedirle que vaya sin dinero en el bolsillo, sin contactos en el país, sin un lugar donde alojarse o sin trabajo una vez allí. En cualquier caso, el secreto de vivir por fe no es ningún método. La clave está en oír, obedecer y confiar en Dios. Si le obedece, él se involucrará íntimamente en sus asuntos. Y dado que el dinero afecta a casi todos los aspectos de la vida, Dios intervendrá en nuestra economía de forma espectacular, si le permitimos. Hay un dicho que reza: «Eso es algo que uno puede llevar al banco». La fe en Dios y en su Palabra es algo tan seguro que usted puede llevarla literalmente al banco.

CAPÍTULO 3

¿Por qué vivir por fe?

¿Por qué quiere Dios que vivamos por fe? En primer lugar, vivir por fe nos comprueba a nosotros y al mundo que Dios es real.

Cuando yo estudiaba en la universidad del Sur de California tenía un profesor de filosofía que parecía procurar destruir la fe de sus alumnos en Dios. Era inteligente, aunque amargado, hijo de un ministro evangélico. Él había perdido su fe y por eso intentaba desafiar a cualquier alumno que creyera. Planteaba cuestiones filosóficas que yo no era capaz de responder por aquel entonces. Pero aunque yo no tuviera las respuestas, había una cosa que nunca podía contradecir: mi experiencia. Yo había visto demasiadas cosas que sólo Dios podía haber hecho.

Creo que esta es la razón principal por la que Dios indujo a Juventud con una Misión a pedir a cada obrero que confiara en Dios para poder cubrir sus necesidades económicas, esto es: alimentos, bebida y vestido (las necesidades básicas que Jesús mencionó específicamente en Mateo 6:31-33), así como los gastos de viaje. Miles de misioneros de JUCUM de más de cien naciones salieron por todo el mundo, asumiendo tal desafío y creyendo que allí donde Dios dirige, él suple. ¡Y allá adonde guía, también alimenta!

Al principio me preocupaba. La dirección de Dios era muy clara, y sin embargo, los tres o cuatro grupos misioneros con los que mejor me identificaba, pagaban salarios al menos a las secretarias y al personal de oficina. Pero el Señor nos dijo que no debíamos tener puestos remunerados en Juventud con una

Misión. Todos, empezando por mí, y terminando con el voluntario más joven —desde el miembro de un grupo de evangelización hasta el mecánico del autobús—, todos debían confiar en Dios para su sostenimiento y su transporte.

Nunca creí que esta fuera la única forma posible de dirigir una organización misionera. Pero así fue como Dios nos dirigió. Mucho después me enteré de que casi todas las juntas directivas con más de un puñado de misioneros en el campo operaban de este modo: cada individuo confiaba en Dios y era personalmente responsable de recoger fondos para sufragar sus gastos personales y los de su propio ministerio.

Pero no pasó mucho tiempo hasta que nos dimos cuenta por qué Dios nos guiaba por este camino: obtuvimos una clara confianza en la realidad de Dios. Ya fuéramos confrontados por airados estudiantes marxistas de una universidad latinoamericana, o por la complaciente indiferencia de los intelectuales europeos, supimos que Dios es real. Tiene que serlo, o no habríamos conseguido fondos para viajar, ni algo que comer después de llegar a nuestro destino.

La cantidad no es importante cuando uno confía en Dios. Si uno no cuenta con todo el dinero que necesita en el momento en que le hace falta, una carencia de solo diez dólares podría equivaler perfectamente a un millón.

En cierta ocasión, al poco tiempo de casados, Darlene y yo, cruzábamos el área de Chicago para asistir a una reunión en Wisconsin. El dinero se nos estaba acabando, en parte debido a los numerosos peajes que había en la ruta. Pero no teníamos más remedio que viajar por esta ruta si queríamos cumplir nuestra apretada agenda. Era como si en cada pocas millas tuviéramos que frenar y sacar las últimas monedas de nuestra menguada bolsa.

Mira, Dar—, dije después de haber pescado todo lo que me quedaba en el bolsillo y detenerme ante la última cabina de peaje—; treinta y cinco centavos: veinticinco para pagar el peaje y una moneda de diez centavos para llamar al pastor Wilkerson cuando lleguemos a Kenosha—. Ella sonrió y yo aceleré gozoso.

—¡Gloria a Dios! Lo hemos conseguido —dijo—. Yo asentí, pero poco duró mi alegría.

No habíamos avanzado mucho cuando vimos una nueva señal que advertía moderar la velocidad y prepararse para pagar otro peaje. «Señor, ¿qué vamos a hacer?». Miré a Dar, pero ella ya estaba sacando cosas de su bolso para ver si encontraba una moneda. Necesitábamos veinticinco centavos, y los necesitábamos ya. En ese instante se me ocurrió un pensamiento: «Para y abre la puerta trasera del carro». Lo hice. Y allí, entre la puerta y el armazón del carro, había una moneda de veinticinco centavos. ¡Qué moneda tan preciosa! ¡Nunca en mi vida he visto una igual! ¿Fue una coincidencia? No creo.

En otras ocasiones la necesidad fue mucho más grande. Al poco tiempo de haber comenzado nuestro ministerio, Darlene y yo nos encontrábamos en Edmonton, Alberta, Canadá. Un día recibimos una llamada telefónica de nuestra secretaria desde Pasadena.

Loren, no sé qué vamos a hacer —dijo Lorraine Theegte. La fatiga de su voz se detectaba incluso en la conexión de larga distancia—. No hemos tenido ningún ingreso desde hace ya bastante tiempo y los pagos que ahora vencen ascienden a 5.200 dólares.

Le respondí que intentaríamos hacer algo. Pero cuando colgué el teléfono me sentí totalmente abrumado. Habíamos tenido una época muy precaria por varios meses y, de pronto, la situación se hacía insostenible.

Miré sobre la cama, en la casa donde nos alojábamos. Clamé: «Dios, esta necesidad es tuya. Yo no puedo hacerme cargo de este dinero». El teléfono sonó un poco después con estridencia. Era Lorraine otra vez.

Loren, adivina lo que ha sucedido —dijo con voz resonante—. Recibimos un cheque de dos mil libras esterlinas de un banco de Inglaterra. Procede de un dador anónimo de un tercer país y el banco británico sólo ha sido intermediario. ¿Y sabes qué? Llamé al banco para solicitar el valor de cambio de la libra esterlina, y la cantidad resultante asciende exactamente a 5.200 dólares. ¿Una coincidencia? Por supuesto que no.

Demostración de que Dios es real

Mi amigo, el Hermano Andrés, conocido también como «El Contrabandista de Dios», lo expresa de la siguiente manera: «Supón que vas caminando por la selva y sin notarlo un león te espera al acecho. Él se lanza sobre ti, pero un coco cae de una palmera y golpea al león dejándolo inconsciente. Observas sorprendido y aliviado lo que acaba de ocurrir. Pudo haber sido una coincidencia —piensas—, o quizás buena suerte. Pero resulta que al día siguiente vuelve a suceder lo mismo. Otro león se lanza sobre ti y vuelve a ser alcanzado por otro coco. Y al día siguiente, otro león, y otro coco que lo golpea. ¿Cuántas veces tiene qué ocurrir el mismo suceso para que entiendas que no es una coincidencia?

En nuestra misión de JUCUM recibimos más de veinte mil voluntarios temporales al año, aparte de los siete mil miembros del personal que trabaja compartiendo el Evangelio desde las bases permanentes en más de cien países. Muchos grupos itinerantes han partido, con el amor de Dios, a todas las regiones habitadas de la tierra. Una y otra vez estas personas han experimentado «coincidencias» similares de buena suerte. Algunos las hemos venido experimentado ya por décadas. Les contaré el caso de un líder de grupo. Se llama Neville Wilson, es oriundo de Fiyi, criado en Nueva Zelanda, y actualmente es el responsable de JUCUM en Tonga, y el Pacífico Sur.

Estábamos adelantando por aquella época una avanzada en Nadi, Fiyi. Los siete miembros del grupo eran fiyianos. No pudimos conseguir personal extranjero por causa de problemas con las visas. Cuando nos enterábamos de que algún visitante iba a llegar, a menudo caminábamos cinco kilómetros hasta el aeropuerto para acudir a esperarle. No teníamos dinero para tomar un taxi, pero, en todas las ocasiones Dios proveyó un taxi para poder llevar a los visitantes a casa.

Cierta vez fuimos a esperar a alguien y nos encontramos con un amigo en el aeropuerto que nos dio dinero sin ser consciente de nuestra necesidad. También Dios proveyó comida para ofrecer a los visitantes. E incluso tuvimos dinero suficiente para llevarles al aeropuerto en taxi. Luego volvíamos a casa caminando y riéndonos de que Dios lo hubiera hecho una vez más.

Nuestro centro de JUCUM era una casa como cualquiera del vecindario, ubicada en medio de un campo de caña, y amueblada casi exclusivamente con esterillas en el suelo. Una noche estábamos sentados en círculo y una mujer de la localidad llegó con cinco panes grandes. Bastaban para alimentar a los siete por varios días. Como unos quince minutos después otra persona llamó a la puerta y trajo más pan. Luego otro vecino trajo más pan. Al cabo de una hora habíamos recibido dos docenas de panes.

—¿Por qué tenemos tanto pan? —preguntó mi esposa—. Es posible que vaya a llegar alguien.

Una hora después nos enteramos de que un grupo de quince personas iba a llegar aquella noche de Nueva Zelanda.

En otras ocasiones Dios dio a Neville y Sue más que pan, y más de lo necesario. Era el día de Navidad de 1979 y ellos se encontraban en Maui, Hawai, en un viaje de evangelización con muchas personas. Neville se sentó en la puerta de la casa en donde se alojaban y se sintió solo. Su padre había muerto unas semanas antes. Neville recordó que su padre siempre llevaba a casa un jamón para la cena de Navidad.

Neville se dijo: «¡Cuánto deseo comer un poco de jamón ahora mismo!» Unos minutos después una camioneta negra llegó repleta de hombres hawaianos. Para sorpresa de Neville se detuvieron delante de la casa. Entonces un tipo grande se puso de pie, le arrojó sonriente un jamón, y le deseó una feliz Navidad.

La Palabra de Dios afirma en 2 Crónicas 16:9 que «los ojos del Señor contemplan toda la tierra para mostrar su poder a favor de los que tienen corazón perfecto para con él»

Mi profesor de filosofía en la universidad del Sur de California enseñaba que era imposible demostrar una proposición filosófica negativa. Pero se puede demostrar una positiva. La Palabra de Dios afirma que él es fiel, que el justo nunca se verá desamparado, y que su descendencia no mendigará pan (Sal.

37:25). Esta es una proposición positiva que se puede probar de manera concreta con dólares y con euros. Es más, la fe no es auténtica a menos que pueda demostrarse en forma práctica en el mundo real y cotidiano.

Una experiencia extraordinaria, que demostró cuán auténtica era su fe, ocurrió a un joven escocés llamado George Patterson, en los días de la posguerra.Todo comenzó en una disputa con otros dos jóvenes en un restaurante. George defendió que la Biblia era la Palabra de Dios y que toda palabra escrita en ella era verdad. Uno de sus amigos era agnóstico y rehusaba conceder autoridad a lo que no fuera científico. El otro amigo era cristiano nominal, y no estaba seguro de que la Biblia fuera la Palabra de Dios, ni qué partes de la misma podrían serlo.

La acalorada disputa duró un buen rato y llamó la atención de los otros comensales. Entonces se le ocurrió a George una idea atrevida. Declaró a sus amigos que él demostraría la Biblia científicamente. Acto seguido sacó su cartera del bolsillo.

Yo sostengo que hay un Dios y que se ha revelado a los hombres a través de su Palabra—, dijo sacando todo el dinero y colocándolo sobre el mantel. Luego lo contó: dos libras esterlinas y siete chelines.

George miró fijamente a los ojos de sus amigos y les anunció: «Voy a repartir todo el dinero que tengo en el banco. Y además, voy a despojarme de todos mis ahorros». Después les comentó que en breve partiría hacia Inglaterra para estudiar medicina, pues deseaba prepararse para el servicio misionero.

Sólo llevaré conmigo estas dos libras con siete chelines y mi última paga. En los próximos meses que viva en Londres no contaré con ningún recurso ni sostén económico. Sólo contaré con la provisión del Señor. Les hago una promesa —declaró solemnemente—: Sólo ustedes saben lo que me propongo hacer; esto quedará entre nosotros y Dios. No se lo contaré a mis padres ni lo daré a conocer a ninguna organización misionera. No cambiaré de atuendo ni alteraré mi estilo de vida para no mostrar que ando escaso de dinero... cualquier cosa que necesite tendrá que ser suplida por Dios. Si tuviera que pedir ayuda, aunque fuera a una sola persona, les prometo que regresaré a casa y nunca más mencionaré la suficiencia de Dios ni mi fe en él.

Así inició George Patterson lo que llamaría más tarde «El Juego», basándose en «una fe ciega en el Omnipotente». Mientras tanto, la gente sólo sabía que George era un estudiante hijo de una familia acaudalada, que asistía a la universidad en Londres, y que no padecía ninguna necesidad.

A pesar de ello, Dios comenzó de inmediato a enviarle personas con pequeñas cantidades de dinero. Le decían: «Dios me ha inspirado que te dé esto» o, «Toma esta ofrenda como proveniente del Señor». Siempre variaba, pero llegaba en el momento oportuno, aunque algunas veces a escasos minutos de presentarse la crisis.

Hubo tan sólo una excepción: el dinero no llegó cuando necesitaba hacer un viaje a casa. Como no tenía lo suficiente para pagar el pasaje completo desde Londres, fue tan lejos como pudo, y luego caminó durante dos días hasta llegar a Escocia. Después comentó que pensaba que su fe había sido sometida a prueba. Comprendió que Dios quería ver en cuán grave necesidad podía encontrarse sin perder su confianza en él.

Su promesa fue algo más que el mero juego estudiantil de un joven deseoso de demostrar que tenía razón ante sus amigos. La experiencia de George Patterson de confiar en Dios siendo aún estudiante, le resultó muy convincente cuando vivió en el Tibet.

Por aquella época el Tibet no estaba conectado a la unión postal. Los medios convencionales de sostenimiento misionero resultarían inútiles por falta de una oficina de correos. También tendría que enfrentarse a los sacerdotes tibetanos que aparentaban tener tremendos poderes esotéricos, y más tarde a la cárcel y a la persecución de los comunistas chinos, cuando éstos invadieron el país. Su historia completa fue relatada en su libro God's Fool. Pero antes de pisar el Tibet o la China, George había demostrado suficientemente que la Biblia era veraz. Había jugado y había ganado.

Para aumentar la fe

La primera razón de ser de la vida por fe es demostrar que Dios es auténticamente real. La segunda es el crecimiento personal en la fe. Todos nosotros hemos recibido una medida de fe, según Romanos 12. La fe es un don, pero debe crecer con el uso. La fe aumenta a medida que la ejercitamos. Es como el ejercicio físico. La diferencia que hay entre los forzudos del tipo Arnold Schwarzenegger y el resto de los mortales, radica en que aquellos se han propuesto aumentar sus fuerzas y su masa muscular mediante el ejercicio. «No hay fruto sin esfuerzo», nos recuerdan, a la vez que nos arrojan un pesado balón de gimnasia.

Hubo un tiempo en mi vida en que era demasiado débil. Por muchos días no pude levantar la cabeza de la almohada. Un día la levante un poquito. Repetí la experiencia, ya que era lo único que podía hacer. Después de un tiempo pude darme la vuelta en la cuna y después de varios meses pude moverme de un sitio a otro, pero sólo gateando. No podía ponerme de pie ni andar. Un buen día, después de cumplir el año así, pude por fin levantarme y andar.

Desde temprano descubrí un problema que me oponía resistencia: la gravedad. Daba unos pocos pasos y me caía, una y otra vez. Pero, a medida que me ejercitaba todos los días, me fui fortaleciendo y cayendo menos veces. Finalmente pude incluso correr y saltar.

Entonces supe que mi experiencia no era la única. Pero, ¿ha pensado usted alguna vez en el proceso de maduración por el que Dios nos hizo pasar cuando éramos pequeños? ¿No hubiera sido más fácil si no hubiera existido la gravedad? Los niños pequeños hubieran podido saltar y flotar en vez de tener que esforzarse para ponerse de pie. Pero ahora comprendemos que ese esfuerzo era necesario para ayudarnos a desarrollar unos músculos incipientes.

Igualmente, si nunca tuviéramos necesidades en la vida, si pudiéramos hacer todas las cosas sin la ayuda de Dios, ¿cómo aprenderíamos a confiar en él? En el texto de Lucas 17:5, los discípulos exclaman: «Aumenta nuestra fe». Ellos habían visto a Jesús hacer muchos milagros. Ciertamente él podía impartirles fe. Pero ellos tuvieron que pasar por el mismo proceso que nosotros. Así como la vida nos es dada, la fe es un don de Dios. Pero para que ésta pueda aumentar, debe ser probada y contrastada.

Sheila Walsh es una joven bien conocida por millones de personas gracias a la música y la presentación del programa cristiano de televisión «Club 700». Pero antes de ser conocida en muchos hogares se atrevió a someter a prueba su fe. Se enteró de que JUCUM proyectaba una campaña de evangelización con motivo de los juegos olímpicos de Montreal, en 1976. Como era estudiante del London Bible College, anhelaba compartir su fe con las gentes de todo el mundo que visitarían la olimpiada.

Pero surgió un problema: ella no tenía dinero para viajar. «Por aquella época —dice ella—, casi no tenía dinero para comprarme unos pantalones Levis; ¿cómo iba a tener para comprar un pasaje de avión al Canadá?» No obstante, oró y sintió una convicción profunda de que debía viajar a Montreal. Sheila también creyó que no debía contar su necesidad a nadie, sino tan sólo orar.

Poco a poco, durante las semanas siguientes, fue llegando el dinero. La gente empezó a darle pequeñas cantidades hasta conseguir lo que necesitaba. Sheila tuvo suficiente dinero para su vuelo de ida y vuelta Londres-Nueva York, y le sobró un poco para tomar un autobús que la llevara a Montreal. Pero aún necesitaba setenta dólares para volver a Nueva York.

Sheila no se preocupó en exceso. ¿No le había Dios provisto cientos de dólares para viajar? Viajó a Montreal y disfrutó de dos semanas de campaña evangelística acompañada de otros mil seiscientos voluntarios de muchas nacionalidades. Salió cada día a las calles y parques de la ciudad a compartir su fe. Y cada día anhelaba ver cómo Dios la devolvería a su casa.

Cuando se acercaba el final del evento, yo congregué a los mil seiscientos obreros para celebrar una reunión al aire libre, sobre el césped, delante de la vieja mansión que habíamos adquirido para usarla como centro de instrucción.

Aunque todavía no conocía a Sheila, yo sabía que había mucha gente joven allí que había confiado en Dios y que aún no tenían pasajes de regreso. Pedí a todos los que tuvieran necesidad económica que se pusieran de pie y salieran al frente del enorme grupo. Cientos de personas salieron adelante. Después pedí a todos que inclinaran la cabeza y preguntaran a Dios a quién debían dirigirse y cuánto dinero debían dar a esa persona. «Y no descarten dar sólo porque tengan una necesidad» —les dije. Sheila recuerda que en ese momento pensó: «¡Fantástico! ¡Así es como voy a obtener mis sesenta y tres dólares para el regreso!» Ella ya tenía siete.

Pero se sorprendió grandemente cuando tuvo la honda impresión de que debía dar esa cantidad a otra persona. «Esto no debe ser de Dios —pensó—. Sería irresponsable de mi parte deshacerme del único dinero que tengo». Sin embargo, el Espíritu Santo continuó importunándola hasta que no pudo resistirle más. Anduvo entre la gente, que bien oraba con fervor o se abrazaba y se daban dinero unos a otros. Fue una escena impresionante, maravillosa.

«¿Señor, a quién quieres que dé mis siete dólares?» —oró Sheila—. Entonces vio a una jovencita rubia y sintió que debía dárselos a ella. Cuando Sheila puso el dinero en su mano la joven le dio un gran abrazó y exclamó con gran jubilo: «¡Es exactamente lo que necesitaba!»

Sheila regresó muy animada a su sitio. Pero la reunión ya estaba terminando y la gente empezaba a esparcirse. «Señor —dijo—, ¿y mis setenta dólares? No lo entiendo. Realmente he confiado en ti y he sido obediente... ¿ahora tendré que vivir en Canadá por el resto de mi vida?».

Halló un lugar tranquilo a orillas de un riachuelo, detrás del centro de JUCUM. Se sentó allí y derramó su queja ante Dios. Después de un rato oyó que Dios le hablaba en su interior: «Sheila, ¿confías en mí o sólo confías en lo que puedes entender?» Ella agachó la cabeza, dejó correr las lágrimas y pidió perdón a Dios por su incredulidad.

A la mañana siguiente todo el mundo estaba haciendo las maletas para marcharse. Salían autobuses y furgonetas hacia el aeropuerto, las estaciones de tren, y hacia otros centros de JUCUM en América del Norte y del Sur. Sheila salió a la luz del sol con su mochila, su saco portátil de dormir, y sus bolsillos vacíos. Dio gracias a Dios por el nuevo día y por lo que estaba aprendiendo acerca de la seguridad de confiar en él. Mientras esperaba con otros que también iban a la estación de autobuses, alguien la llamó por su nombre.

«¿Sheila Walsh? ¿Sheila? —Volvió la cabeza y vio a una joven que había ayudado al personal administrativo—. Ha habido un error en la cantidad que pagaste por tu estancia aquí —explicó—. Pagaste más de la cuenta». Abrió el sobre y sacó siete billetes de diez dólares. En seguida llegó el autobús que la llevaría a la estación.

Tales provisiones y milagros de última hora no acaecen todos los días, pero los que suceden nos recuerdan la fidelidad de Dios para años venideros. Tales provisiones especiales no demuestran nuestra espiritualidad; demuestran que Dios es poderoso para hacer frente a cualquier circunstancia o eventualidad.

El Señor guió a los israelitas por el desierto por cuarenta años. Y les proporcionó alimento del cielo, agua de la roca y vestidos que no se desgastaban. Les explicó por qué él hizo esto: «Te acordarás de todo el camino por donde te ha traído el Señor tu Dios estos cuarenta años en el desierto... para hacerte saber que no sólo de pan vivirá el hombre, mas de toda palabra que sale de la boca del Señor» (Deut. 8:2-3). Dios aún desea un pueblo que viva de esta manera, no confiando en sus propios medios para proporcionarse el sostén, ni en algún sistema político terrenal, sino sólo en él.

Muchas naciones están hoy al borde de la bancarrota. La economía mundial es frágil, se sostiene por la fe que un gobierno tiene en otro, por la fe de un individuo en otro y por la fe de la gente en una divisa monetaria sólo porque el gobierno la apoya.

Después de uno de los chequeos médicos anuales de mi padre, el doctor le dijo que estaba sano como el dólar. Papá le respondió con un ligero parpadeo: «Doctor, eso me preocupa».

No podemos confiar en ningún sistema humano. Fallarán. Es posible invertir en planes de jubilación, pensiones, valores o acciones. Estas cosas no están mal. Pero no hay que poner la fe en ellas. Ponga su confianza en algo superior al hombre. He descubierto que hay gente con inclinación egoísta que no puede evitar destruir, a veces incluso en un intento de ayudar a otros. Yo no confío en el hombre. Pero confío en los hombres y mujeres de Dios, y confío en el Señor. También creo que Dios gobierna y sujeta a los impíos bajo su control.

Es necesario tener en Dios la verdadera fuente. La tendencia natural del corazón humano es siempre hacia la independencia, ya sea de Dios o de otros. Por eso Jesús nos encargó orar: «El pan nuestro de cada día, dánoslo hoy». Note que él no nos dijo que pidiéramos por el pan de la semana que viene, por si acaso. La dependencia diaria en Dios nos permite saber que estamos en su voluntad y obedeciéndole. Podemos confiar diariamente en Dios y no en los hombres.

Los que confían que Dios provee para sus necesidades de ministerio evangélico deben recordar esto muy especialmente. Es fácil mirar a aquellos que Dios ha usado en el pasado para cubrir nuestras necesidades. Cuando paso por un apuro económico puedo incluso sentir resentimiento contra aquél que no me da, si no ando con cuidado. Debemos luchar contra la tendencia a depender del mundo visible, en detrimento del invisible. Lo que no se ve es realmente más seguro y fidedigno. Dios dice que los cielos y la tierra pasarán, pero su palabra nunca pasará. Él nos ama y se preocupa de todo aspecto y toda necesidad de nuestra vida. Y él se reivindicará ante nosotros y ante el mundo, cuidándonos.

Oir a Dios y conocer sus caminos

La otra razón de ser de la vida por fe es aprender a oír a Dios y obedecerle. El Señor dijo que nuestro Padre celestial sabe lo que necesitamos antes que se lo pidamos. Entonces, ¿por qué quiere que se lo pidamos? El Señor quiere mantener abierta la línea de comunicación con nosotros. Si confiamos que él es fuente de todo recurso, también tendrá derecho a dirigir cada decisión que tomemos. Él captará nuestra atención y podrá mostrarnos su carácter, sus caminos y su poder. Recuerde: el pueblo de Israel conocía los hechos de Dios, pero Moisés conoció sus caminos (Sal. 103:7). Él desea que le conozcamos profundamente para que confiemos más en su persona. Concertará situaciones para que podamos conocer sus caminos al tiempo que recibimos provisión para nuestras necesidades.

En 1972, planeábamos celebrar el mayor esfuerzo evangelizador que habíamos llevado a cabo hasta entonces, durante los juegos olímpicos de Munich, Alemania. No obstante, el mayor obstáculo que teníamos era el alojamiento. Esperábamos mil jóvenes de todo el mundo. Pero, ¿dónde les alojaríamos? Todos los hoteles, albergues juveniles, pensiones e incluso las residencias privadas con habitaciones extra ya habían sido alquilados varios meses antes.

Pero necesitábamos alojamiento para los obreros. Más apremiante aún era la necesidad de un lugar para colocar la imprenta. Habíamos recibido dinero para costear mensajes cristianos y literatura evangélica, pero resultaba más económico comprar una imprenta Heidelberg e imprimir nosotros mismos. La gran imprenta nos sería entregada en pocos días y no teníamos sitio dónde instalarla. Enviamos a dos jóvenes, Gary Stephens y Doug Sparks a buscar un lugar.

Gary me llamó desde Alemania: «Loren, hemos encontrado un lugar para la imprenta...».

—¿Qué sitio? ¿Una garaje?

—Bueno, sí, pero está pegada a un castillo del siglo XVI, en una ciudad llamada Hurlach. El castillo está a la venta, —me dijo.

No sé cómo, pero tan pronto como lo dijo, supe que el castillo era para nosotros, aun cuando no nos sobrara dinero para comprar nada.

Don Stephens, el Hermano Andrés y yo fuimos a entrevistarnos con los propietarios. Por el camino, Dios me mostró la cantidad de dinero que debíamos ofrecerles y la fecha en que debíamos tomar posesión del castillo. En la entrevista les expuse simplemente nuestras condiciones: haríamos un primer pago de 100.000 marcos alemanes en diez días, pero tendríamos que entrar en el castillo un día después (no teníamos más remedio. La imprenta llegaba el día siguiente...).

Pillamos a los dueños por sorpresa, pero ellos salieron a hablar en privado. Volvieron en unos minutos, aceptaron la oferta y nos entregaron las llaves del castillo. «Ustedes tienen una forma poco común de negociar la compra de una propiedad —dijo su representante—. Actúan como si estuvieran comprando helados».

La cosa fue fácil. Tomamos posesión del castillo aquella misma noche. Al cabo de una semana, recibimos 100.000 marcos alemanes procedentes de distintos puntos de Europa. Muchos sintieron que debían enviarnos regalos. Nos instalamos allí inmediatamente, tan sólo unas pocas horas antes de que llegara la imprenta. Resultó fácil.

Yo pensé: «¡Fantástico! Dios nos habla y nos hace saber las condiciones; la gente las acepta; después Dios mueve a la gente a dar dinero. Nos instalamos en una propiedad y la usamos para el ministerio». Yo creí que las cosas siempre serían así de fáciles.

Sin embargo, Dios quería enseñarnos su manera de obrar, a saber confiar sólo en él, no en los métodos humanos. Esto significa saber que las experiencias son cada vez distintas. Pronto sabríamos cuán distintas.

En otra oportunidad Lynn y Marti Green abandonaron nuestra base en Suiza para hacer una labor pionera en Gran Bretaña. Lynn me llamó un día, entusiasmado, para avisarme de una propiedad que él sentía que Dios les quería dar.

—Es increíble, Loren —me dijo—. Una gran mansión antigua inglesa, bastante grande como para alojar a cien alumnos y al personal de capacitadores. Se llama Holmsted Manor. Yo nunca pensé en algo tan grande; pero Marti, los miembros del consejo y yo, hemos orado y sentido que esta oportunidad viene de Dios.

«Estupendo —pensé—, otro castillo. ¡Dios es tan bueno! ¡Y esto de confiar en él y comprar propiedades es tan fácil!»

Aterricé en el aeropuerto de Heathrow, en donde Lynn, Marti y otros siete miembros del consejo de JUCUM en el Reino Unido me esperaban. Yo también había orado. Y estuve de acuerdo en que esto era de Dios, y no solo un mero deseo o entusiasmo humano.

Viajamos en furgoneta hasta Crawley y después hasta Holmsted Manor, a sesenta kilómetros del centro de Londres. Yo no estaba preparado para la antigua elegancia de la mansión de tres pisos, rodeada de grandes edificios, y con trece acres (cinco hectáreas y cuarto) de terreno. El precio de la propiedad era de 60.000 libras esterlinas, incluídas 5.000 libras de mobiliario en la casa principal. El dueño había dividido la propiedad original. Vendía por separado una parcela de tres acres (un poco más de una hectárea), con una piscina y un campo de fútbol a un lado del camino de acceso, y otra de igual extensión, al otro lado. Lo que quedaba era una parcela con forma de guitarra. El mástil —el camino de acceso bordeado de árboles— conducía a la mansión y a los edificios adyacentes.

Dejamos la furgoneta al borde de la carretera y caminamos en dirección al vetusto edificio, admirando los paneles de roble esculpidos a mano y los cristales de colores del vestíbulo. Algo dentro de mí me susurró: «Esto es lo que quiero darles como Centro de Formación Misionera en Gran Bretaña».

Después de inspeccionar los edificios decidimos dar la vuelta al perímetro de la propiedad, y pedimos a Dios que nos la concediera. Avanzamos lentamente a través de una tierra arada y lodosa, alabando a Dios con gran entusiasmo para que proveyera el dinero que necesitábamos. (Por aquel entonces, JUCUM-Reino Unido sólo tenía doscientas libras esterlinas en el banco, apenas alcanzaba para pagar un reconocimiento topográfico del terreno). Al terminar el «paseo de oración», en vez de volver a la carretera por el camino de árboles, decidimos inspeccionar las parcelas adyacentes al mástil de guitarra, el terreno no incluido en la oferta: tres acres con el campo de fútbol y la piscina a un lado, y tres acres al otro.

Después de la marcha de oración, Lynn y Marti comenzaron a comentar a otros cristianos británicos el plan que teníamos de adquirir Holmsted Manor para centro de formación misionera. Al cabo de cuatro meses habíamos recibido seis mil libras que eran suficientes para pagar la primera cuota. Parecía que nos enfrentábamos a otra conquista fácil, como la del castillo en Alemania.

Todo estaba llegando en el momento oportuno para una campaña evangelística. Lynn, Marti y un personal compuesto por veintidós individuos se alojaban en casa de varios amigos; además, en pocos días muchos voluntarios de verano se darían cita para compartir su fe en las calles de Crawley. Lynn y Marti no tenían idea dónde podrían alojarlos a todos.

No obstante, nos hallábamos solos en un curso particular de formación misionera, programado por nuestro Padre celestial. Inesperadamente, para confusión y desencanto nuestro, la propiedad de Holmsted Manor fue vendida a un tercero.

Volvimos al Señor y le preguntamos: «¿Por qué ha sucedido esto? Pensábamos que tú nos habías dicho que era para nosotros, para nuestro Centro de Formación Misionera». No hubo respuesta. Tan sólo una segura calma de que él había hablado. Holmsted Manor llegaría a ser nuestra.

Él lo confirmó inspirando a algunos amigos cristianos a dar más dinero para adquirir Holmsted Manor, aun cuando ellos sabían que la propiedad ya había sido vendida. Alcanzamos un saldo total de sesenta mil libras las que apartamos escrupulosamente en otra cuenta corriente.

Mientras tanto, Lynn pudo alquilar una casa grande donde alojamos a los voluntarios de verano. Llegó el otoño y seguíamos aspirando a comprar Holmsted Manor. Estábamos muy esperanzados. Por ese tiempo Lynn, Marti y cuarenta colaboradores se alojaban en una pequeña casa de Londres, los cuales compartían un baño cuyo uso estaba sujeto a un horario estrictamente regulado.

El ministerio evangelístico continuó creciendo. Grupos de voluntarios trabajaban en el centro de Londres y en otros lugares, mientras seguían ofreciendo formación especial en su pequeña casa alquilada. A veces resultaba cómico. En una ocasión un maestro bíblico estadounidense impartió enseñanza por varios días en la habitación más grande: un dormitorio de cuatro metros de ancho por cuatro y medio de largo, en medio de las camas de los estudiantes. Los alumnos se sentaban en las literas y el honorable erudito bíblico se colocaba cerca de la ventana para impartir el tesoro de su corazón.

Los meses pasaron, pero Dios no permitió que nos rindiéramos. La mansión pasó del primer dueño a un segundo, por el triple de la oferta que nosotros habíamos hecho.

Mientras tanto, el personal de JUCUM —cada vez más numeroso— tuvo que trasladarse de un sitio a otro. Alquilamos Ifield Hall, otra mansión distinguida pero en ligera decadencia, a unos diez kilómetros de Holmsted Manor. Una vez más, el negocio llegó justo antes de que otra cosecha de voluntarios llegara para evangelizar. Pero había un problema: Ifield Hall carecía de muebles.

Menos de una semana antes de la llegada de los voluntarios, Lynn hizo otra incursión por Holmsted Manor, sólo por curiosidad. A su llegada, vio que unos trabajadores estaban sacando los muebles. Preguntó el motivo, y el capataz le explicó que los nuevos dueños iban a abrir un selecto colegio para niños y que querían comprar muebles nuevos.

—¿Qué van a hacer con los viejos? —preguntó Lynn, recordando que eran los mismos muebles por los que ofreciera cinco mil libras en la primera oferta.

—Oh, supongo que los pondrán en subasta.

—¿Puedo comprarlos? —preguntó Lynn.

El capataz debía tener alguna autoridad porque preguntó a su vez: «¿Cuánto puede pagar usted?» Lynn respiró profundo y dijo: «Cien libras esterlinas». El capataz se quitó la gorra y echó una ojeada a los trabajadores que seguían sacando muebles y colocándolos en la glorieta de acceso. Se volvió a poner la gorra, miró a Lynn y contraatacó: «Doscientas». Los dos hombres acabaron poniéndose de acuerdo en ciento cincuenta libras. Los Jucumeros recogieron muy contentos los muebles por los que habían aceptado pagar cinco mil libras al principio.

Nos sentimos como Josué y Caleb acarreando los enormes racimos de uvas en Canaán —nos contó Lynn—. Para nosotros, aquellos muebles eran las arras de nuestra futura herencia en Holmsted Manor.

No obstante, cuando los meses pasaron a ser años, resultó difícil explicar el retraso a los que habían creído —como nosotros— en poseer el castillo de Holmsted Manor, y habían dado sacrificadamente para su adquisición.

Durante esos años Lynn fue una vez a buscarme al aeropuerto de Heathrow en Londres. Nos sentamos en su coche estacionado y oramos para que Dios nos permitiera pedir alguna disculpa pública y devolver las sesenta mil libras depositadas en el banco a los donantes. Pensamos que nos habíamos equivocado. Que el Señor no nos había dicho Holmsted Manor. A cambio, nos había dado Ifield Hall. De hecho, por ese tiempo Ifield Hall estaba repleta habitada por más de cien personas, entre jucumeros y familiares.

Pero el Señor no nos iba a dejar colgando en la cuerda floja. Aunque él nos aseguró que estaba bien tener Ifield Hall, nos dio plena confianza en el hecho de que su Palabra no había cambiado en los cuatro años transcurridos. Tendríamos también Holmsted Manor. Entonces pudimos entender fácilmente cómo se sintió José en Egipto, en donde fue probado por la Palabra de Dios (Sal. 105:19). Hubiera sido más sencillo simplemente pedir disculpas a los donantes y decir que nos habíamos equivocado.

Finalmente, en el verano de 1975 —cuatro años después de que diéramos aquel paseo de oración alrededor de Holmsted Manor—, nos llegaron noticias de los dueños. !Estaban dispuestos a aceptar nuestra primera oferta de sesenta mil libras!

Además, los trozos de tierra a ambos lados del camino de acceso fueron añadidos durante los años que mediaron a la negociación. Por sesenta mil libras pudimos adquirir la propiedad que intentábamos comprar al principio, más la piscina, el campo de fútbol y la tierra de labor, las partes que habíamos incluido en la marcha de oración cuatro años antes.

Después de instalarnos en Holmsted Manor celebramos otra marcha, esta vez de alabanza con 175 jucumeros. Más que una valiosa propiedad, útil para formar jóvenes misioneros, habíamos aprendido mucho acerca de los designios de Dios.

- Nos enseñó que cuando él habla, aunque las circunstancias digan lo contrario y todo vaya mal, él es quien hace que las cosas se cumplan. No obstante, las cosas no fueron tan fáciles como comprar helados.
- Aprendimos, cuando el Señor nos añadió Ifield Hall, que a veces su Palabra no es sí/no, sino esto y aquello también.
- Y aprendimos muchas otras cosas, sobre todo, que nuestro Padre celestial estaba más interesado en nosotros que en las propiedades. Prefería enseñarnos sus caminos y moldear nuestra fe y nuestro carácter, antes de satisfacer nuestras necesidades.

Si Dios se preocupa más de nosotros que del dinero, ¿qué importancia debe tener el dinero para nosotros? ¿Tiene Dios algo que ver con el dinero o sólo le preocupa el ámbito espiritual? En el próximo capítulo veremos cómo se relacionan estos dos ámbitos.

CAPÍTULO 4

Dios y el dinero

Meta su mano en el bolsillo y saque un billete, si lo tiene. Estírelo y obsérvelo. Mire el anverso, las imágenes y la grabación. Déle la vuelta y fíjese en las marcas del reverso. Es papel —grabado con una mezcla coloreada de tinta—, un papel de alta calidad, con finos hilos rojos, azules o verdes. No es más que papel y tinta. El gobierno de los Estados Unidos expide 1.600 millones de billetes de dólar y 5.400 de cinco, diez, veinte, cincuenta y cien dólares por año. Grandes rollos verdosos de papel ruedan por las prensas, se cortan, se atan con esmero y se envían a los bancos de reserva por todo el país. Son un objeto más. Las mismas prensas, podrían fácilmente imprimir libros. Pero imprimen dinero, papel que simboliza el valor del trabajo, o el producto del trabajo de una persona; billetes que se guardan en el bolsillo y se canjean por otras mercancías y servicios necesarios, aunque sea al otro extremo del mundo. Dinero.

Sin embargo, hay «algo» inherente a dichos trozos de papel, que puede destruir un matrimonio, o hacer que hombres y mujeres sacrifiquen su tiempo de esparcimiento con la familia y los amigos, e incluso la salud, para «obtener más dinero». Estos pedazos de papel inocente que usted tiene en su mano, han conducido a muchos jóvenes de la gran ciudad a engañar a sus amigos, llevándolos a inyectarse drogas asesinas. El dinero ha corrompido también la justicia de algunos hombres que entregaron sus vidas a enaltecer la ley. La codicia del dinero ha llevado a ciertos adultos a hacer cosas vergonzosas con los niños para ganar millones en el comercio de la pornografía. El deseo de riqueza ha sido incluso causa de guerras. El dinero tiene —de alguna manera—, una capacidad terrible para controlar el alma de las personas.

El poder del dinero puede acarrear vida o muerte. Les contaré dos historias en las cuales el dinero trae vida y trae muerte.

Hace casi veinte años, un hombre del sur de California donó dos mil dólares con el propósito de comprar una propiedad para JUCUM en Fiyi, Pacífico Sur, cerca del aeropuerto de Nadi. Por varios años la propiedad estuvo esperando. Por fin, en 1983, un grupo dirigido por Neville Wilson fue a explorar la posibilidad de construir una obra permanente en la isla principal. (Ya mencionamos parte de la historia de Neville en el capítulo anterior). Entonces comenzaron a construir en aquella propiedad un edificio sencillo, muy parecido a los colindantes. Ese edificio fue usado para múltiples ministerios evangelísticos como por ejemplo, establecer una cadena de oración las veinticuatro horas del día, e interceder por la evangelización de todas las naciones. Hasta la fecha, nuestros misioneros han orado sin interrupción desde el 1 de enero de 1989 por las personas de lugares tan remotos como Mongolia, Arabia Saudita y Rusia.

Nunca hubo mucho dinero en esa base, pero los líderes siempre tienen planes ambiciosos para llevar el evangelio a todas las naciones de la tierra. Ocho misioneros fiyianos han salido de allí para trabajar en la India y otros lugares del oriente. También anhelan ver un cambio de la situación social en Fiyi, por lo que han abierto una guardería para ayudar a los niños más pobres de las islas, los niños de los trabajadores de los campos de caña, muchos de los cuales proceden de la India.

En las escuelas primarias de Fiyi tienen la costumbre de sentar al frente de la clase a los niños que progresan académicamente. Los atrasados deben sentarse en la parte de atrás. Los nativos aseguran que los hijos de los trabajadores de los campos de caña nunca han llegado a sentarse al frente de la clase. Por generaciones, estos niños han obtenido malos resultados académicos y se han tenido que sentar atrás. Pero ahora, gracias a la guardería de JUCUM, los hijos de esos trabajadores del campo se sientan al frente de la clase. Y algunos de los padres se han convertido del hinduismo a la fe de Jesucristo.

Todo esto —niños con un nuevo futuro, padres con una nueva fe, y jóvenes misioneros que van a evangelizar después de haber orado por más de tres años por las naciones—, todo ocurre gracias a un californiano que invirtió dos mil dólares en la obra de Dios en las lejanas islas Fiyi. Parece como si el dinero hubiera cobrado vida, como una semilla plantada que Dios ha hecho crecer en forma extraordinaria.

El dinero no siempre es dado con generosidad, ni siempre acarrea vida. También puede llevar a la muerte. Les contare la segunda historia.

El año pasado, una columna de fuego naranja y nubes de humo negro se derramaron por el cielo nocturno de Austin, Texas. Los bomberos se detuvieron frente a un edificio de dos pisos envuelto en llamas. Las sirenas se silenciaron y la gente salió corriendo del edificio, en pijama y en ropa interior, e incluso envuelta en sábanas. Un bombero vio horrorizado a una joven embarazada que gritaba detrás de una ventana del segundo piso. Ella hizo caso a los gritos de un joven hispano que ya había logrado salir y se lanzó al vacío, cayendo sobre la lona que habían colocado los bomberos.

Los bomberos se dieron prisa en abrir las mangueras y adentrarse en el calor abrasador, pero la experiencia les recordaba que era demasiado tarde para salvar aquel edificio o a cualquier persona atrapada en él. Era un incendio explosivo, probablemente iniciado por una pérdida de combustible u otra sustancia inflamable.

Una mujer y un hombre salieron tambaleantes del piso bajo como antorchas andantes. Los servicios de urgencia les cubrieron de inmediato con mantas, sofocaron las llamas, intentaron consolarles y les ayudaron amablemente a subirse a las ambulancias.

No, no, no puedo irme, —exclamó la mujer con el rostro tiznado y humedecido por las lágrimas—; mi hija está dentro. ¡Tengo que ayudarla a salir!

Pero el apartamento ya se asemejaba al interior de un horno. Un enfermero joven sacudió con tristeza la cabeza y le instó firmemente a subirse a la ambulancia.

Ya casi amanecía cuando fueron hallados los restos de una niña de quince meses entre los escombros, aún humeantes. Pero antes de encontrar a la niña, las autoridades se dieron cuenta de la terrible causa del fuego.

Un hombre, enfadado porque otro no le pagaba ocho dólares, disparó a una ventana del edificio con una pistola de fuegos artificiales, lo que prendió fuego a una sustancia inflamable. Un edificio quedó reducido a escombros; cuarenta y ocho personas se quedaron sin hogar, otras siete fueron hospitalizadas y una niña pereció, todo por causa de una disputa por ocho dólares.

¿Por qué el dinero ejerce tanto poder sobre los hombres? ¿Qué piensa Dios acerca del dinero? ¿Lo ve como un mal necesario? ¿Acaso no declaró Jesús el peligro de amar el dinero cuando dijo: *«No podéis servir a Dios y a las riquezas»?* (Mateo 6:24)

El dinero no es malo, aunque sí es malo el amor al dinero. Pablo dijo que el amor al dinero es la raíz de todos los males (1 Tim. 6:10). No hay nada malo en el dinero en sí. Pero dado que el pecado está en el corazón del hombre, el amor al dinero puede conducir al dolor y a la esclavitud, sin excluir al cristiano. El dinero es como un camaleón: adopta el color del corazón de su dueño. Verdaderamente existe el dinero contaminado o el «dinero de sangre». Incluso los sumos sacerdotes comprendieron esto, y por eso rehusaron echar el dinero de Judas —treinta monedas de plata— en el arca del tesoro.

Sin embargo, el dinero en sí mismo no es malo. Es tan sólo papel teñido de tinta. El dinero y Dios tampoco están en bandos opuestos. Es más, Dios usa el dinero como herramienta para muchas cosas. Usa el dinero, o la falta del mismo, para probarnos, y para ver qué hay en nuestro corazón. La forma de usar el dinero refleja dónde están las prioridades de cada persona.

Cuando alguien gana un premio en la lotería nacional, una de las preguntas inexcusables que los informadores suelen hacerle es: «¿qué va usted a hacer con el dinero?» Y sin embargo, no nos damos cuenta de que Dios nos hace la misma pregunta con cada dólar que pasa por nuestras manos. Lo que hacemos con el dinero manifiesta nuestro carácter. Jesús nos asegura que si somos fieles con el dinero él nos confiará riquezas espirituales (Lucas 16:11).

Dios también usa el dinero para enseñarnos a confiar en él. ¿Recuerda cómo el Señor guió a Elías a un arroyo en donde se escondió por un tiempo durante una grave hambruna? Sin duda, pronto se instaló en la rutina, se acostumbró a esperar su desayuno y su comida de los cuervos cada día. Se sentaba al borde del fresco arroyo, a la sombra de su ribera. Luego, lenta pero inexorablemente, el arroyo se secó.

Dios no le permitió acomodarse y confiar en el arroyo, aun cuando fuera una provisión del cielo para él. Deseaba conducirle a otro lugar y por eso hizo que el arroyo se secara.

Cuando el arroyo del dinero se seca, tenemos más disposición a escuchar al Señor, quien desea nuestra dependencia *voluntaria* de él. Su único propósito es enseñarnos y acercarnos a él. Pero, debido a nuestra naturaleza pecaminosa, nos apartamos fácilmente hacia un mayor nivel de independencia del que Dios considera conveniente.

Debemos darnos cuenta de que la falta de dinero proviene de Dios, en la misma forma que viene la provisión del mismo.

Recientemente, mientras me encontraba de viaje por ciertas naciones en vías de desarrollo, nuestro «arroyo» económico se secó por un tiempo. Darlene estaba en casa, en Hawai, y no se había dado cuenta de cuánto habían mermado nuestros ingresos. Llegó un día en que no teníamos nada en el banco. No quedaba nada en ningún monedero. Pero ella había planeado salir a almorzar con unos amigos. Acabó hurgando en todos los cajones de la casa, buscando monedas descarriadas, si no muchas, al menos suficientes para pagarse el transporte al restaurante.

«El Señor atrajo mi atención —Dar me contó más tarde—, por lo cual le pregunté por qué no tenía dinero». Dar aquietó su corazón y oyó que el Señor le decía: «Ha pasado algún tiempo desde cuando confiabas en mí en las *pequeñas necesidades cotidianas, como por ejemplo, la crema dental. Miles de jóvenes de JUCUM pasan por esta experiencia todos los días. Sólo quería recordarte que Yo soy el que cubro tus necesidades y las de ellos»*. He oído que los arroyos económicos de otras personas se secaron, algunos de manera mucho más drástica que la situación temporal que atravesamos nosotros. Un hombre abrió su corazón diciendo que él y su esposa habían comentado las necesidades de su ministerio por muchas iglesias, durante un año, y todavía no habían recibido ni un solo compromiso de apoyo. Ni un dólar. Yo me creí capaz de discernir alguna de las causas de su escasez, pero sentí que le correspondía a él perseverar en el intento hasta obtener el entendimiento de Dios.

No obstante, yo sabía una cosa. Tal carencia dramática de dinero era también un milagro. Era un milagro, lo mismo que una provisión abundante de dinero. Fue milagroso el hecho de que este matrimonio honorable manifestara su necesidad económica durante todo un año y no hubiera una sola persona o iglesia que les diera nada.

Cuando el arroyo se seca, debemos preguntar a Dios cómo proceder, lo mismo que hizo Elías.

Dado que el dinero es importante en nuestra vida, la Palabra de Dios le dedica bastante atención. De hecho, hay en la Biblia 3.225 referencias a cuestiones de economía. Si analizamos las Escrituras conoceremos lo que piensa Dios acerca del dinero y su uso. En un capítulo posterior veremos lo que dice la Biblia acerca de algunos de estos importantes aspectos. Con este fundamento podemos lanzarnos hacia donde Dios nos guíe, con completa libertad.

Hay muchos planes para hacerse rico que prometen libertad económica. Dios promete libertad económica también, pero su libertad es bastante distinta a las huecas promesas de agentes y vendedores. Él promete que conoceremos la verdad y que la verdad nos hará libres. Y esto incluye la verdad acerca del dinero. Podemos ser verdaderamente libres.

Pero antes hemos de aprender algunas cosas acerca de nuestro adversario y del dinero. Dios no es el único que se preocupa por el dinero. Nuestro enemigo, Satanás, también se implica grandemente en este asunto, y actúa tanto a escala internacional como personal, entre los individuos que aman al dinero más que a Dios.

CAPÍTULO 5

El rey de Wall Street

Porque los que quieren enriquecerse caen en tentación y lazo y en muchas codicias necias y dañosas, que hunden a los hombres en destrucción y perdición; porque raíz de todos los males es el amor al dinero (1 Tim. 6:9-10).

Corría el año 1851. Hacía poco más de un año que California se había constituido en estado. Pero se había descubierto un metal amarillo, reluciente y brillante, en los cristalinos ríos del norte. Algo se había apoderado de los hombres y les había cambiado: ¡el oro!

El coronel Reddick McKee fue enviado para dirigir tres cuadrillas exploratorias nombradas por la Oficina de Asuntos Indios. Su cuadrilla se dirigió hacia el norte, desde el río Klamath hacia el Scott Valley, territorio de los indios shasta. Fueron calurosamente recibidos por estos americanos nativos, que habían sido también amables con los pocos mineros que ya vivían entre ellos. A diferencia de la mayoría de las tribus guerreras, el pueblo *shasta* era gentil, sencillo y confiado.

El coronel McKee convocó una reunión con los shasta para estudiar un tratado, una especie de acuerdo que les permitiera retener sus derechos a medida que llegaran más hombres blancos, un flujo que seguramente aumentaría, como el gobierno y McKee sabían, debido al descubrimiento del oro. Los mil guerreros shasta respondieron afirmativamente a su convocatoria y acamparon cerca del Fort Jones. Por fin, las negociaciones llegaron a su fin y trece jefes shasta firmaron el tratado con el coronel McKee y otros testigos.

Y ahora nos gustaría que todos asistieran a una gran fiesta —anunció el coronel McKee, a través de un intérprete, a una multitud de indios—. Queremos invitarles a una gran comida que llamamos barbacoa para sellar nuestra amistad.

Algunos indios no asistieron a la barbacoa. No confiaban en el coronel McKee y en los hombres blancos. Pero la mayoría sí. Miles de indios hicieron fila ante las mesas alargadas para recibir raciones de carne en trozos grandes y algunos panes. Se sentaron al frescor de la puesta del sol y comenzaron a comer. Sólo unos pocos notaron que sus anfitriones blancos no comían nada. Ni tampoco unas cuantas mujeres indias casadas con mineros.

Al día siguiente, un médico que cruzaba el Scott Valley en la diligencia vio bultos extraños al borde de la carretera. El arriero se detuvo y el médico se desmonto al instante, cayendo en cuenta, con terror y espanto, que los bultos retorcidos eran cuerpos de indígenas. Pero ninguna experiencia vivida le había preparado para lo que presenció al levantar la vista a lo largo del camino. Cientos de cadáveres de indios yacían por el sendero, con los cuerpos aún retorcidos por la agonía.

Al principio, el médico temió que hubieran podido morir a causa de una especie de plaga. Pero habían fallecido al regreso de la comilona, víctimas de la carne y el pan rociado con estricnina. Antes de anochecer, el doctor y sus acompañantes descubrieron más de tres mil cuerpos. Uno de los pocos indios supervivientes, Tyee Jim, ayudó a enterrar muchos cadáveres. La noticia apareció en el diario Alta News, de Alta, California, con fecha de 5 de noviembre de 1851. Nunca se inició una investigación oficial de la masacre. Los amables indios shasta dejaron de existir. Después de todo, fue mucho más sencillo que preocuparse de tratados y derechos sobre la tierra, en los días de la fiebre del oro en California.[1]

Por terrible que parezca la masacre de los shasta, esta sólo representa una pequeña parte de la maldad plantada por Satanás desde el albor de los tiempos. Maldad que suele ir estrechamente ligada a la codicia de la riqueza. Si no se anda con cuidado, se puede pasar por alto un versículo muy conocido que reza así: *el amor al dinero es la raíz de todos los males.*

Ezequiel 28:12-19 nos brinda una vislumbre fascinante del pasado, antes de que Lucifer se rebelara y se convirtiera en Satanás. Note que el apetito de bienes materiales tuvo que ver con esta rebelión. Note también la opulencia descrita:

> *Hijo de hombre, levanta endechas sobre el rey de Tiro, y dile: Así ha dicho el Señor: Tú eras el sello de la perfección, lleno de sabiduría y acabado de hermosura. En Edén, en el huerto de Dios estuviste; de toda piedra preciosa era tu vestidura; de cornerina, topacio, jaspe, crisolito, berilo y ónice; de zafiro, carbunclo, esmeralda y oro; los primores de tus tamboriles y flautas estuvieron preparados para ti en el día de tu creación. Tú, querubín grande, protector, yo te puse en el santo monte de Dios, allí estuviste; en medio de las piedras de fuego te paseabas. Perfecto eras en todos tus caminos desde el día que fuiste creado, hasta que se halló en ti maldad. A causa de la multitud de tus contrataciones fuiste lleno de iniquidad, y pecaste; por lo que yo te eché del monte de Dios, y te arrojé de entre las piedras del fuego, oh querubín protector. Se enalteció tu corazón a causa de tu hermosura, corrompiste tu sabiduría a causa de tu esplendor; yo te arrojaré por tierra; delante de los reyes te pondré para que miren en ti. Con la multitud de tus maldades y con la iniquidad de tus contrataciones profanaste tu santuario; yo, pues, saqué fuego de en medio de ti, el cual te consumió, y te puse en ceniza sobre la tierra a los ojos de todos los que te miran. Todos los que te conocieron de entre los pueblos se maravillarán sobre ti; espanto serás, y para siempre dejarás de ser.*

La Biblia nos cuenta lo que necesitamos saber, pero no siempre todo. No se nos dice cómo Lucifer se involucró en el comercio ni con quién traficó. Pero ejercía una especie de supervisión sobre la riqueza. En este pasaje se le llama «el rey de Tiro.

Evidentemente el profeta Ezequiel recibió una profecía con una doble referencia. Una parte alude al verdadero rey de Tiro, dirigente de la nación más mercantil de aquella época, pero otra parte alude a Lucifer. De ningún rey humano se puede decir que estuviera «en el Edén» ni que fuera un «querubín protector» en el «santo monte de Dios». Estas referencias de Ezequiel 28 aluden claramente a aquél que pasó a ser Satanás.

¿Cómo se podría describir esta función de Satanás hoy? No le llamaríamos rey de Tiro, sino probablemente el rey de Wall Street, pues Satanás procura controlar el comercio mundial. Controla a las personas a través de su ansia de dinero. A través de un comercio injusto se esfuerza por controlar la economía, la ciencia, la salud pública, la política, el gobierno, los medios de comunicación, las artes, el ocio, el deporte, la educación, e incluso las iglesias y las familias. Satanás emplea estas tácticas para esclavizar económicamente a los hombres: la codicia, el ansia de poder, el orgullo y el temor, en particular el temor a la inseguridad económica.

Cuando se piensa en la codicia, es fácil imaginarse a un hombre rico y tacaño, un avaro miserable que se sienta sobre grandes montones de dinero y cuenta monedas y billetes. Sin embargo, la codicia prevalece más entre los pobres y los que no son muy ricos. Los más consumidos por el ansia de propiedad son los que tienen menos. La codicia impulsa a algunos padres en la India a quebrar las piernas de sus hijos pequeños para que practiquen la mendicidad y evoquen más piedad con su cojera. En América, en las grandes ciudades, hay muchachos que matan a otros jóvenes para robarles su costoso calzado deportivo.

Los que controlan la riqueza, por otra parte, sienten mayor tentación que los demás por el ansia de poder. Emplean su riqueza para manipular a los pobres valiéndose de la codicia de éstos. Hace poco el propietario de un almacén de calzado en Connecticut se declaró en bancarrota. Manifestó que ésta sobrevino por causa de un rótulo que puso en un escaparate, en el que avisaba a los traficantes de droga que no eran bien recibidos en su establecimiento. Varios meses antes, recibió la visita de una representación de fabricantes de una de las famosas marcas de calzado deportivo. Le comunicaron que iban a abrir varias tiendas en la ciudad. Cuando él objetó que no habría suficiente demanda en el distrito, los representantes le aconsejaron buscar nuevos clientes: «Atraiga a los traficantes de droga. Ellos comprarán nuestro calzado más caro».

Pero el hombre rehusó hacerlo y se arruinó. El periodista que se entrevistó con el comerciante le preguntó cómo sabía qué clientes eran traficantes de droga. Respondió: «Cuando un joven con menos de veinte o veintitantos años conduce un automóvil deportivo caro, exhibe miles de dólares en cadenas de oro, viene directamente por el calzado más caro, paga con billetes de cien dólares y no se molesta en esperar el cambio... uno tiene indicios suficientes para saber de dónde saca el dinero».

Pero, ¿quiénes son los que están detrás de esa codicia? ¿Y qué pretenden? Uno sólo puede ser dueño de una cantidad limitada de zapatos, televisores, vídeos, casas y autos. Luego surge la codicia del propio juego: el poder que acarrea el dinero sobre otros.

El orgullo es otra forma satánica de gobernar a las gentes y sus economías. ¿No ha oído nunca propaganda comercial que promete el orgullo de la propiedad? Un anuncio de televisión presenta un auto de lujo mientras un narrador con una voz seductora ronronea ¿qué alimentará su espíritu? Tan clamorosa apelación al orgullo recuerda a Satanás, rey de Tiro, cuyo corazón se ensoberbeció y corrompió al gloriarse en su esplendor.

El rey de Tiro controla también a las personas sirviéndose del temor a la inseguridad económica. Este es el temor a no tener bastante dinero, a la pérdida de control y a perder el poder adquisitivo. Si el temor nos impide obedecer a Dios respecto a cualquier cosa que él nos pida hacer, entonces somos vulnerables a la manipulación del rey de Tiro. Por ejemplo, el rey del comercio injusto puede incitar a un dictador a invadir otro país y así adueñarse del veinticinco por ciento de todo el abastecimiento mundial de petróleo. Esto llena de temor los corazones de los hombres de negocios de Tokio a Nueva York, pasando por Francfort. El precio del petróleo se pone por las nubes, aun cuando siga dándose una producción abundante. Los inversores empiezan a perder confianza. Suben los tipos de interés de los créditos. La gente deja de comprar. El flujo de dinero se desacelera o se detiene. Sobreviene la recesión o la depresión, todo porque el temor envenena la atmósfera. El temor de por sí puede subvertir economías nacionales y sumirlas en la confusión y el pánico, lo que conduce a la pérdida de millones de empleo. Así pues, Satanás controla a la gente a través de la esfera de la economía, recurriendo a la codicia, el afán de poder, el orgullo y el temor.

¿Qué hemos de hacer a este respecto? ¿Ponernos a resguardo de los distritos financieros del mundo y entregarnos a pensamientos más celestiales? ¿Abandonar el comercio mundial en manos del enemigo? Yo no creo que esta sea en modo alguno la voluntad de Dios, como tampoco que abandonemos escuelas, cargos gubernamentales o puestos de influencia en el arte, medios de comunicación, ocio y deportes. Estas son precisamente las esferas que debemos penetrar. Ayudándonos de la oración y de cualquier acción justa que el Espíritu Santo nos muestre, servimos al reino y a la causa de Cristo. Jesús vino a redimir la tierra, persona a persona, institución a institución. Y no tenemos por qué temer al rey de Tiro, en tanto él no tenga influencia ni ardid con que nos pueda controlar. Jesús dijo de Satanás: «él nada tiene en mí» (Juan 14:30).

La economía del mundo se sostiene con la compraventa, la oferta y la demanda. La demanda no suele basarse en necesidades reales, sino en la codicia, el ansia, el orgullo y el temor del hombre. Sin embargo, el Reino de Dios es radicalmente distinto y más poderoso. El Reino funciona dando y recibiendo. Las personas que escuchan al Espíritu Santo, obedecen al Señor y dan con liberalidad están contrarrestando el poder del rey de Tiro.

Esta clase de generosidad debilita el control que Satanás ejerce en la tierra. El atasco que provoca la codicia se deshace con generosidad guiada por el Espíritu. Se combate contra el espíritu de manipulación y control con un corazón de siervo. Se pelea contra el orgullo con humildad y dignidad serena. Y se lucha contra el temor con el perfecto amor de Dios, lo mismo que la luz hace retroceder las tinieblas.

Cuando Juan el Bautista predicó antes del advenimiento del Mesías, aconsejó a sus oyentes que se arrepintieran, advirtiéndoles que el hacha ya estaba puesta a la raíz de los árboles y que todo árbol que no da buen fruto sería cortado. Cuando la gente le preguntaba qué debían hacer para arrepentirse, Juan relacionaba la generosidad con lo del hacha: «El que tiene dos túnicas, dé una al que no tiene; y el que tiene que comer haga lo mismo»; a los recaudadores de impuestos les recomendó: «No exijáis más de lo que os está ordenado», y a los soldados: «No hagáis extorsión a nadie, ni calumniéis; y contentaos con vuestro salario» (Lucas 3:11-14). Casi todos los hechos concretos de arrepentimiento tenían que ver de una u otra forma con el dinero. La generosidad, pues estaba relacionada con el arrepentimiento y con el arrancar raíces de árboles malos.

Vimos esto en la práctica cuando entablamos negociaciones para adquirir el terreno de la Universidad de las Naciones, en Kona, Hawai. Fuimos guiados a combatir la codicia con generosidad. Este asunto se narra detalladamente en nuestro libro *Cómo triunfar con Jesús*.[2]

La Hermandad Evangélica de María pasó por una experiencia semejante. La madre Basilea Schlink fundó este ministerio en Alemania, en los oscuros días que siguieron a la Segunda Guerra Mundial. *Las Hermanas de María* viven en comunidades religiosas que acentúan la vida de adoración y la confianza en el Señor para hacer frente a las necesidades cotidianas. Un puñado de monjas protestantes, jóvenes en su mayoría, adquirieron su primera propiedad en Darmstadt. Las propias monjas aprendieron a edificar. Confiaron en Dios para llevar a cabo una construcción gradual: primero una capilla, luego otros edificios que servirían de centro de retiros para los visitantes de todas las denominaciones que buscaran al Señor.

No obstante, había un pequeño terreno, con una forma extraña al lado de su propiedad. Las monjas llegaron, en oración, al convencimiento de que debían comprar esta propiedad para construir un centro de adiestramiento. Pudieron adquirir los terrenos adyacentes, excepto éste. Pertenecía a una anciana que rehusaba vender o cambiar por otra propiedad. La anciana sostenía que bajo ninguna circunstancia la gente debía deshacerse de lo que había heredado de sus padres.

En cierta ocasión, la hermana Eulalia fue a visitar a la anciana, con la esperanzas de persuadirla. La mujer no se encontraba en casa, pero la recibió un sobrino suyo que enseñó a la monja la habitación de su tía. Un solo vistazo bastó para comprender que aquella mujer nunca se desharía del terreno en tanto viviera. La habitación estaba atestada de muebles, demasiados como para ser usados o mantenidos. Allí se encerraban muebles suficientes para amoblar toda una casa. En su mayor parte estaban en pésimo estado. Luego, el sobrino mostró a la monja la escalera que su tía usaba para subir a la cama (ésta no era más que un montón de colchones heredados de sus antepasados). Evidentemente, esta mujer nunca se había desprendido de ningún objeto heredado.

Cuando sor Eulalia presentó su informe, las Hermanas de María comprendieron que una persona tan apegada a las cosas de este mundo sólo podía ser librada mediante la oración ferviente, sincera, perseverante. Estaba en juego mucho más que un terreno para construir una casa de adoración. Un alma se encontraba esclavizada. Resolvieron ayunar, recordando lo que dijo Jesús: «Pero este género no sale sino con oración y ayuno» (Mateo 17:21). Además de sacrificar la comida, hicieron también otro tipo de ayuno: privarse de cosas más estrechamente relacionadas con la atadura de la anciana.

Las Hermanas de María ya vivían muy sencillamente. Apenas tenían dinero y posesiones personales. Pero cada monja buscó al Señor y pidió revelación para conocer si había en ellas un espíritu de atesoramiento —mayor apego a un objeto que el que profesaban a Jesús—.

Para una monja fue una pequeña cruz de madera; para otra, una bonita tarjeta postal. El valor monetario no tenía importancia, pero la actitud de aferrarse a esas cosas sí la tenía. Después de una «semana de examen de conciencia» una emisaria de la hermandad volvió a visitar a la anciana.

No pudo dar crédito a sus oídos cuando la oyó decir: «No siento tristeza por la tierra, pero sí por los ciruelos; odio tener que perderlos». Lo que quería decir es que estaba dispuesta a vender aquel extraño pedazo de terreno, pero que echaría de menos los ciruelos que contenía. ¡Dios había hecho un milagro! Redactaron un contrato para la compraventa del terreno, estipulando que todo el producto que dieran los árboles fuera para la anciana. Y todos los años subsiguientes hasta la fecha de su fallecimiento, le enviaban todas las ciruelas.

Satanás controla la riqueza que por derecho pertenece a Dios. La forma más eficaz de hacer la guerra contra él es sometemos al Señor y obedecerle escrupulosamente. Obediencia, no sacrificio, es lo que el Señor desea (1 Sam. 15:22). A menudo, obediencia significará dar sacrificadamente. Pero no es el sacrificio lo que derrota al enemigo; es la obediencia a Dios. No es sabio vaciar los bolsillos sin más. Leí una vez acerca de una pobre viuda que recibió un duro golpe al enterarse del despilfarro de un ministro de culto a quien ella había dado dinero. «¡Y pensar —dijo la mujer— que no comí nada más que maíz toda una semana para darle el dinero de mi comida!»

Aunque usted sólo dé su dinero a pastores con reputación y se cerciore de que ellos no malgastan su dinero, no podrá dar a todo el mundo. Dios no pide a todos que den todo lo que tienen o que cubran toda necesidad. Lo que desea es obediencia a sus mandatos. Y si alguna vez le pide dar todo, entonces él proveerá milagrosamente para satisfacer todas sus necesidades.

La obediencia en el dar es un acto de combate espiritual. Por ejemplo, si una persona en Chicago responde generosamente, dando su dinero, digamos para ayudar a realizar un proyecto misionero al otro lado del mundo, las fuerzas satánicas tendrán que retroceder en Chicago. La cantidad no es importante, pero sí la actitud. Cualquier cantidad, incluso la «blanca» de una viuda, dada desinteresadamente y en obediencia, golpea los poderes de las tinieblas e impacta al propio Lucifer. Dar desinteresadamente significa que la dádiva no ayudará al dador en modo alguno. No se da para poder disfrutar un banco más cómodo o un barrio más seguro. Se da sin esperar nada a cambio, y sólo Dios puede devolver la bendición al benefactor. Esta clase de don quebranta a Satanás, le hace perder control en el país que lo recibe, pero más aún en el país del dador. Por eso los cristianos de Asia, África y Latinoamérica deben aprender a dar para las misiones, y a los pobres y necesitados, en sus respectivos países. A menos que enseñemos a las naciones en vías de desarrollo el poder que hay en el dar, los pobres seguirán siendo pobres.

Esto es lo que hace que la Navidad sea tan especial, incluso para aquellos que no entienden nada de Dios ni de su Hijo, cuyo nacimiento celebran. La Navidad, a pesar del comercio y otros adornos, sigue siendo una época para dar y ser generoso. Y por causa de tal generosidad la economía es bendecida, al menos durante los cinco meses siguientes, todos los años.

El dar sacrificadamente —hasta el punto de confiar en Dios para poder hacer frente a las propias necesidades— hace también retroceder a Satanás en la esfera del temor. La fe en Dios, cuando le oímos y hacemos lo que él manda, y luego esperamos en humilde confianza que cubra las propias necesidades, ataca directamente a la manipulación que el rey de Tiro ejerce a través del temor. Confronte el temor de la inseguridad económica directamente y ponga su confianza en Dios. Conocerá por experiencia cuán fiel es él.

Yo aprendí de una manera curiosa lo que es rendir la capacidad de adquisición en cierta esfera por tres años. Dios satisfizo mis necesidades directamente. En este caso, fue mi necesidad de ropa. Jesús prometió que nuestro Padre celestial, que viste a los lirios del campo, ciertamente nos daría ropa decorosa y adecuada.

Durante los primeros años de nuestra misión, una mujer se acercó a mí después de dar un mensaje en su iglesia y me prometió comprarme un traje. Yo imaginaba que ella me ofrecería un cheque o se encontraría con Darlene y conmigo en un centro comercial en donde yo podría escoger un traje. Pero resultó que era costurera en la sección de hombres de unos grandes almacenes. Después de tomarme medida, buscó un buen traje, lo compró con descuento, lo arregló para que me quedara bien y me lo envió por correo.

Fue una magnífica provisión porque, como conferenciante, yo necesitaba un buen traje de vez en cuando. En tres años me envió tres o cuatro trajes excelentes. Pero aunque me vinieran como anillo al dedo y fueran siempre buenos y útiles, descubrí que era también una prueba que Dios preparaba para mi orgullo. Nunca tuve que escoger los trajes. Era una lección pequeña, pero muy personal entre Dios y yo. Él me mostró que debía rendir este pequeño derecho, la esfera de la elección, a sus pies. Él cubrió adecuadamente mi necesidad y me enseñó su fidelidad en la provisión. Sólo fue por un tiempo de tres años. Pero aprendí que Dios se encargaría de esta necesidad básica si yo le rendía mis derechos.

Lo que más teme el Rey de Tiro es que haya gente que rinda sus derechos y ponga su confianza en Dios. Satanás no puede retener nada en nosotros si nos arrepentimos de la codicia, respondemos continuamente con generosidad, y damos liberalmente sin cuerdas que nos sujeten. ¿Qué puede hacer él si abandonamos el orgullo, nos humillamos y ponemos a disposición del cuidado de Dios, sin temor? ¿Qué puede hacer Satanás? ¿Qué poder tiene sobre nosotros, sobre nuestra economía, decisiones de futuro o proyectos empresariales? No quedará nada de su poder. Tal como se predice en Ezequiel 28, él será reducido a cenizas sobre la tierra a la vista de todo el mundo. Casi se puede oír la risa de incredulidad de los hombres en Isaías 14:16, en donde se predice un futuro día en que todos verán a Satanás tal cual es: «¿Es éste aquel varón que hacía temblar la tierra, que trastornaba los reinos?» No tenemos que esperar a que llegue ese día para ver a Satanás tal cual es. Le veremos caer ahora si vemos a Dios tal como el es, y nos dejamos impresionar por él. Si obedecemos su dirección, despojaremos al Rey de Tiro de su influencia sobre individuos, comunidades, instituciones y naciones.

NOTAS

1. Tomado principalmente de una entrevista, celebrada en julio de 1988, con Betty Hall, de Alta, California, una entre unos mil doscientos descendientes de los indios shasta.
2. Loren Cunningham, *Cómo triunfar con Jesús* (Tyler Texas: Editorial JUCUM, 2003), 97.

CAPÍTULO 6

Cómo evitar estrellarse

Centro cleveland, aqui alfa Charley 346. Me encuentro a tres mil doscientos metros de altura. Estoy entre nubes... fuera del alcance de los instrumentos. Quisiera recibir vectores de radar. Cambio.

—Alfa Charley Seis, Cleveland. Roger. Entiendo que excede el límite de lectura de sus instrumentos. Ajuste el código repetidor a 4582 para poder identificar el radar. ¿Cuál es su dirección?

—Alfa Charley Seis se dirige a 250 grados. Repita el código.

—Hay turbulencias. Me estoy desorientando... ¡no puedo ver tierra! —Alfa Charley Seis, Cleveland. Ajuste código a 4582. Concéntrese en el indicador de altitud. Mantenga las alas horizontales, desacelere y comience a descender poco a poco. Ya hemos hecho contacto por radar.

—Estoy perdiendo el control... se me va... voy a volcar... Empiezo a dar vueltas... ¡Por dónde! ¡Socorro! ¡Socorro!

—Alfa Charley Seis, afloje los controles. Compruebe el indicador de altitud. Timón opuesto, timón opuesto...

—¡Socorro! ¡Socorro! No puedo parar...

—Alfa Charley Seis, Alfa Charley Seis, ¿puede leer?

Silencio... —hemos perdido el contacto por radar.

El diálogo trascrito pertenece a una conversación grabada entre una torre de control y una avioneta que se estrelló, y cuyo piloto murió. Una investigación sobre este accidente reveló que no hubo ninguna falla en los instrumentos del vuelo Alfa Charley N346.[1]

El piloto, no instruido para volar sin referencias visuales externas, se desorientó y perdió el control de su aparato. Su panel de instrumentos contenía toda la información necesaria para completar su vuelo a salvo. ¿Qué faltó?

La instrucción y la disciplina para hacer caso omiso a lo que el instinto sugería al piloto, y volar atendiendo a la referencia de una sola fuente de información externa: los instrumentos. ¿Por dónde se ascendía? La realidad que él percibió como verdadera era falsa. Sus sentidos le traicionaron, lo cual le costó la vida.

Para aprender a vivir por fe en la esfera de la economía, debemos depender de una fuente de información externa, no sólo de nuestra propia percepción de las circunstancias. Es como volar en un avión atendiendo a los instrumentos.

La vista que hay por delante es a veces lóbrega y tenebrosa, pero es posible mantenerse vertical y en vuelo con la información correcta. La fuente de información externa es la Palabra de Dios.

La Palabra escrita de Dios nos brinda muchos principios para administrar nuestros recursos. Me gustaría ceñirme a los más comunes. Estas verdades son fundamentales, ya se cuente con un empleo en el mundo laboral de 9 a 17 horas, o se lance uno al mundo de la misión precursora.

Principio número 1: No se preocupe por el dinero

Uno de los mandamientos principales que existen en la Biblia es no preocuparse. Es tan claro como no hurtar o no cometer adulterio. Términos como «no temáis» o frases iguales aparecen aproximadamente cien veces en la Biblia.

Jesús nos encargó particularmente que no nos preocupáramos por el dinero en su Sermón del Monte. Lo que se nos cuenta o se omite acerca de lo que Jesús dijo e hizo fue por dirección divina. Por lo tanto, es significativo que se concediera tanta importancia a este mandamiento en el Sermón del Monte. Piense en todos los males del mundo de los que Jesús nos pudo haber advertido. Podría haber llamado nuestra atención a los fallos y fracasos de los hombres o a la cantidad de sufrimiento que hay en el mundo. Pero se limitó a nuestra preocupación por el dinero.

Tal vez usted esté pasando por una crisis económica. Preste atención a las palabras de Jesús como si nunca antes las hubiera escuchado:

> *Por tanto os digo: No os afanéis por vuestra vida, qué habéis de comer o qué habéis de beber; ni por vuestro cuerpo, qué habéis de vestir. ¿No es la vida más que el alimento, y el cuerpo más que el vestido? Mirad las aves del cielo, que no siembran, ni siegan, ni recogen en granero; y vuestro Padre celestial las alimenta. ¿No valéis vosotros mucho más que ellas? ¿Y quién de vosotros podrá, por mucho que se afane, añadir a su estatura un codo? Y por el vestido, ¿por qué os afanáis? Considerad los lirios del campo, cómo crecen: no trabajan ni hilan; pero os digo que, ni aun Salomón con toda su gloria se vistió así como uno de ellos. Y si la hierba del campo que hoy es, y mañana se echa en el horno, Dios la viste así, ¿no hará mucho más a vosotros, hombres de poca fe? No os afanéis, pues, diciendo: ¿Qué comeremos, o qué beberemos, o qué vestiremos? Porque los gentiles buscan todas estas cosas; pero vuestro Padre celestial sabe que tenéis necesidad de todas estas cosas. Mas buscad primeramente el reino de Dios y su justicia, y todas estas cosas os serán añadidas. Así que, no os afanéis por el día de mañana, porque el día de mañana traerá su afán. Basta a cada día su propio mal (Mateo 6:25-34).*

No puede ser más sencillo. Alguien lo expresó de forma consisa: «La preocupación es fe en el diablo». Lea el Salmo 37. Su mensaje clave es no preocuparse por el dinero. Este salmo dice tres veces: «No se preocupe». También dice en el versículo 8 que la preocupación conduce al mal.

Sea que su preocupación por el dinero sea consecuencia de algo que escapa a su control, como la economía o el despido laboral, o efecto de algo que usted hizo, como el abuso de las tarjetas de crédito, el mandamiento bíblico no cambia. No se preocupe por el dinero. Dios le mostrará los pasos que hay que seguir para salir de su embrollo económico. Puede que también necesite consejo y dar pasos de arrepentimiento y restitución si su problema monetario deriva de una mala administración o falta de sabiduría. Pero no debe de preocuparse. La preocupación sólo conducirá a malas actitudes y malos hechos.

No preocuparse exigirá mucha fuerza de voluntad, lo mismo que para un piloto depender del panel de instrumentos y no de sus sentidos cuando vuela en medio de la niebla. Lillian Trasher era una mujer que decidió no preocuparse por el dinero.

Lillian Trasher partió hacia Egipto a principios del siglo XX, apoyándose tan sólo en la Palabra de Dios —sin el apoyo formal o el respaldo económico de alguna junta misionera—. En este país el corazón de esta mujer soltera fue cautivado por las necesidades de miles de niños huérfanos abandonados. No había manera de que ella pudiera hacer algo para ayudarles, puesto que no contaba con una fuente segura de ingresos para sí misma, mucho menos para niños dependientes. Pero estaba convencida de que Dios le pedía hacer algo.

Comenzó a recibir niños en 1911, y no mucho tiempo después ya había asumido la responsabilidad de cuidar dos mil niños y viudas. Por cincuenta y un años, incluidos los difíciles años de la Segunda Guerra Mundial, ella dependió de Dios y de los donativos de su pueblo, ya fuera para conseguir alimentos para los huérfanos, o construir edificios. La noticia de su obra se difundió y muchas personas le enviaron ayuda, pero en su estilo de vida siguió dependiendo de Dios y escogiendo no preocuparse. Escribió un libro en el que relata una experiencia suya muy típica.[2]

«Un día fui a visitar a una de mis amigas egipcias que estaba enferma. Pasé todo el día con ella y me preguntó cuántos niños tenía en el orfanato. Luego me preguntó cuánto dinero tenía. Le respondí que tenía menos de 5 dólares y que había pedido prestados 250 a una de mis amigas».

La amiga de Lillian se sobresaltó. Sabedora de que el orfanato estaba a punto de empezar a construir otro edificio, le comentó: «Por supuesto, no es posible comenzar a construir un edificio sin disponer de un dinero extra». Lillian respondió: «Oh, no esperamos a que llegue el dinero. Si estamos seguros de que necesitamos un nuevo edificio, lo comenzamos aunque sólo tengamos cincuenta céntimos. Cuando el edificio esté terminado también estará pagado».

Lillian intentó tranquilizar a su amiga asegurándole que tal forma de actuar había dado resultado en el pasado. Le contó que hacía poco habían construido un dormitorio de dos pisos para niñas y que no debían ni un solo céntimo. Después de varias historias por el estilo, la mujer replicó: «Mira, Lillian, si yo no supiera que lo que me dices es verdad, diría que todo esto es una sarta de mentiras».

Lillian escribió: «Cuando me marché de su casa, su marido me dio una cantidad equivalente a 25 dólares. Al día siguiente, recibí 55 dólares de los Estados Unidos y pagué parte de los 250 dólares que debía».

Al día siguiente por la tarde fui a la guardería. Me fijé en las camas de los niños y comprobé que necesitaban urgentemente hules para cubrir los colchones. Los que tenían estaban muy gastados. Dije a una de las maestras: «¡Ojalá tuviera diez dólares en este momento!» Mientras hablaba, una de las niñas me llamó diciendo: «Mamá, la señora D. quiere hablar contigo por teléfono». La señora D. era una mujer egipcia muy acaudalada. Me dijo que le gustaría visitar el orfanato. Un poco más tarde llegaron dos autos. Uno, lleno de naranjas para los niños, que corrieron a recibirlas. Cuando se marchó la mujer me entregó el equivalente a 150 dólares».

Lillian fue directamente a la tienda, compró hules para las camas de los niños y empleó el resto para pagar su deuda. Al día siguiente, se recibieron 500 dólares de un benefactor en América, una buena contribución para el proyecto de construcción en curso. Entonces llamó a su amiga, la preocupada, y le contó lo que Dios había hecho en unos pocos días.

«Gracias a Dios —replicó la mujer—. Apenas he podido dormir por las noches; me preocupaban usted y esos niños».

La mujer egipcia había perdido el sueño, pero Lillian no. Ella había decidido no preocuparse, porque sabía que Dios proveería.

Principio número 2: Establezca las prioridades debidas

Debémos de buscar en primer lugar el Reino de Dios y su justicia. Lo que domina el pensamiento consume la mayor parte del tiempo y la energía. Constituye la base para la toma de decisiones y es lo que más entusiasma.

Si somos honestos, tendremos que admitir que a veces el dinero ha sido lo prioritario, no Dios ni su reino. Si el Señor ocupa el lugar que le corresponde en nuestro corazón, el dinero no nos impresionará.

Ya lo tengamos o no, pondremos la vista en el Señor, no en los libros mayores. Frecuentemente, el grado de preocupación que concedemos al dinero revela donde tenemos puesta nuestra prioridad.

Principio número 3: Sea diligente y responsable

No obstante, el buscar en primer lugar el Reino de Dios no significa usar el dinero en una forma irresponsable. Es recomendable conocer el estado de los rebaños (Prov. 27:23) y saber que los diligentes señorearán (Prov. 12:24). Todas las personas deben ser productivas y responsabilizarse de sus propias necesidades (1 Tes. 4:11-12, 2 Tes. 3:10).

Recuerde el cuarto mandamiento. Se suele prestar atención a un aspecto del mismo: la observancia del sábado, pero no hay que olvidar la segunda parte: «Seis días trabajarás».

Algunos creen que el trabajo es una maldición y que sería mucho mejor no tener que trabajar. Yo no lo creo. Cuando Dios le dijo a Adán que tendría que trabajar para ganarse el pan, no fue una completa maldición. El deseo de ser productivo está implantado en lo más hondo del ser humano. La ociosidad es la verdadera maldición. Por eso hay tantas personas mayores que se jubilan por obligación y mueren poco después. Es necesario volver a los principios de la ética de trabajo puritana. Necesitamos trabajar y esforzarnos. Solo entonces el Señor bendecirá el trabajo de nuestras manos.

La Biblia también nos enseña que somos responsables de nuestra familia. Se nos exhorta a cuidar de nuestra familia inmediata, y de nuestros padres ancianos (1 Tim. 5:4). La forma en que cada individuo asume su responsabilidad económica variará, ya que Dios llama a cada persona en particular y la capacita para cumplir su llamado. Pero no se puede rehuir la propia responsabilidad.

Principio número 4: Invierta el dinero y vea cómo se multiplica

Jesús nos enseñó la parábola de los talentos. Esta parábola deja bien claro que tenemos la obligación de esforzarnos por hacer buenas inversiones. El dinero debe ser empleado y bien invertido para que sirva de bendición a muchos. No escondido y acumulado. No obstante, hay que advertir que esto no significa necesariamente aumento de riqueza. Esta puede ir incluida, pero hay cuestiones más importantes. ¿Está creciendo nuestro carácter? El crecimiento es un principio vital. Por tanto, una empresa o una inversión pueden también exhibir la gracia de la vida y la multiplicación que hay en Cristo.

Principio número 5: Sea generoso

Todo cristiano debe ser generoso. Es parte del cambio producido en nuestra naturaleza al pasar a ser nueva criatura en Cristo. Al convertirnos, nos hacemos semejantes a nuestro Padre celestial, que es el más generoso de todos.

La primera razón que hay para ser generosos es mostrar a Dios nuestra gratitud y amor por él. No podemos enviar cheques al cielo a nombre del Señor Jesús. Desde cuando ascendió al cielo, la única forma en que podemos darle dinero es dando a otros. Dar, por lo tanto, es una forma de adoración.

Una manera fundamental de dar a Dios es pagar el diezmo, el diez por ciento de los ingresos. Por ejemplo y por mandato directo, diezmar se consideraba normal para todo siervo de Dios en el Antiguo Testamento. El diezmo es anterior a la ley (Gen. 14:20), y Jesús dejó bien claro que no se debía descuidar el diezmo (Mat. 23:23).

Sin embargo, diezmar no nos hace generosos. Si sólo damos el diez por ciento, sólo seremos un uno por ciento mejor que un ladrón. La Palabra de Dios afirma que él considera que el diez por ciento es propiedad suya y dar menos de eso es robarle (Mal. 3:8,9 y Lev. 27:30-32). Pero el diezmo es sólo un recordatorio de que él es dueño de todo, el cien por cien de todos los recursos. El Señor afirma que suya es la plata y suyo es el oro (Hag. 2:8), y que la tierra y todo lo que contiene es suyo (Sal. 24:1). Nosotros no poseemos nada según la Palabra de Dios. Todo lo que tenemos no es más que prestado de Dios y somos responsables de usarlo sabiamente para sus propósitos.

Por eso, el modelo de dar que establece el Nuevo Testamento va más allá del diezmo. La generosidad no entra ni siquiera en acción hasta que superamos el mínimo del diezmo establecido en el Antiguo Testamento. Tristemente, muchos cristianos aún no han cesado de robar el diez por ciento que por justicia pertenece a Dios. De hecho, la mayoría de los que asisten a la iglesia no diezman. Según un informe realizado por John y Sylvia Ronsvalle, aunque la renta per cápita aumentó drásticamente entre 1968 y 1985, el porcentaje de los donativos que dieron los que van a la iglesia decreció del 3 al 2,8 por ciento. Prevén que si continúa esta tendencia, pronto los donativos podrían caer al 1,94 por ciento.[3]

La Palabra de Dios declara que la economía de una persona se halla bajo maldición si no diezma (Mal. 3:9). Tal vez usted se halle en esta situación y no acierte a ver cómo puede sobrevivir y pagar todas sus deudas si deja de percibir el cien por cien de los menguados ingresos que actualmente recibe. Les contaré un caso:

Un predicador acababa de concluir un sermón conmovedor acerca de la obligación de todo cristiano de diezmar. Enfatizó que Dios mostraría su fiel provisión a favor de los que le honraran con el diezmo. Después, el pastor de la pequeña congregación confió al predicador visitante: «Realmente, mi esposa y yo no hemos podido diezmar desde hace varios años. Con nuestros ingresos actuales apenas conseguimos pagar la renta y comprar comida».

El evangelista escuchó amablemente. Luego lanzó un reto a su nuevo amigo. Le dijo que intentara diezmar durante un año y apartara el diez por ciento antes de pagar ninguna otra factura o de gastar dinero alguno. «Si alguna vez no tiene el dinero que necesita, por alguna razón... —hizo una pausa y garabateó su número de teléfono en una tarjeta de presentación—, llámeme. Yo le abonaré la diferencia, sin hacerle ninguna pregunta.» Transcurrió un año y el joven pastor llamó al evangelista, más entrado en años, con una excelente noticia. «No he tenido que llamarle ni una sola vez este año. Cada semana, exactamente como usted vaticinó, apartamos el diez por ciento antes que nada. Y siempre hemos tenido bastante dinero. No sabemos exactamente cómo, pero siempre hemos tenido bastante para cubrir nuestras necesidades».

«Gloria a Dios, hermano —dijo el evangelista por teléfono. Y le soltó el argumento irrefutable—: Pero dígame, ¿por qué confió en mí para apoyarse y no en Dios?»

Dios mismo ha prometido bendición al que diezma: «Probadme ahora en esto, dice el Señor de los ejércitos, si no os abriré las ventanas de los cielos, y derramaré sobre vosotros bendición hasta que sobreabunde» (Mal. 3:10). Un predicador dijo que en todos sus años de ministerio a las personas sin techo, en los barrios bajos, nunca se topó con una que fuera dadivosa o que diezmara al Señor.

Si la generosidad del Nuevo Testamento ha de superar el mínimo del diezmo, ¿cuánto da usted? ¿Cómo sabe cuándo responder a una necesidad y cuándo ahorrar dinero para hacer frente a sus responsabilidades económicas, incluidas las de su familia? La regla del Nuevo Testamento es sencilla: todo lo que usted es y tiene pertenece al Señor. Y como Jesús, usted debe pedir la guía del Padre en todo. Dígale: «Heme aquí, Señor. He aquí todo mi dinero. ¿Qué quieres que haga?» Cuando vea una necesidad, pregunte si debe de dar y cuánto. Obedezca al Señor. La generosidad del Nuevo Testamento se basa en una rendición plena, en escuchar al Señor, obedecer lo que él mande y confiar que él hará lo que usted no puede.

NOTAS

1. Hemos cambiado los verdaderos nombres.
2. Wayne E. Warner, *Touched by the Fire: Eyewitness Accounts of the Early Twentieth Century Pentecostal Revival* (Logos International, 1978), 25-27.
3. «Cause for Soul-searching», *The United Methodist Reporter*, 16 nov, 1990.

CAPÍTULO 7

La economía práctica de Dios

Los dos hombres eran obviamente occidentales. Su vestimenta les traicionaba. Caminaban deprisa por una calle llena de baches y se detenían aquí y allá para consultar un trozo de papel y compararlo con algunas señales en torno suyo; si uno ignoraba el camino hacia dónde se dirigía, en la capital de Bulgaria, Sofía, en 1968, probablemente no debía encontrarse allí.

Por fin, los dos entraron en una casa, subieron unas escaleras oscuras hasta el piso ático y llamaron a la puerta. Una mujer con pelo canoso la abrió cautelosamente y les invitó a entrar con un gesto. Un rápido vistazo a la habitación proporcionaba elocuente muestra de su pobreza. Una bombilla desnuda arrojaba luz mortecina sobre la cama, una pequeña mesa, dos sillas y varios cubos estratégicamente colocados debajo de las goteras. Los hombres se identificaron como Jens y Peter, cristianos de Dinamarca. Después se sacaron el dinero búlgaro que llevaban en el bolsillo y se lo entregaron rápidamente a la mujer.

Esto es para las necesidades de los santos, especialmente las esposas de los pastores.

Oh, queridos hermanos —exclamó apretando los billetes con manos encallecidas—, ¡qué respuesta a la oración! ¡Especialmente para los niños! Jens no pudo evitar acobardarse ante su arrebato y echó un vistazo por encima del hombro. ¿Estaba siendo vigilada la casa? Él sabía que lo que estaban haciendo era ilegal, y también que muchos pastores estaban presos en el país, lo que dejaba a sus familias sin medios para subsistir. Otros cristianos habían sido obligados a realizar los trabajos más serviles por causa de su testimonio de Cristo. Y muchos creyentes tenían familias numerosas. Así pues, los extranjeros les enviaban dinero para alimentos, renta y vestido. Podían confiar en la fidelidad de esta mujer para hacer llegar el dinero adonde era necesario.

Cuando Jens y Peter se disponían a marcharse, la mujer protestó: «No, ¡no se pueden ir todavía! No sin aceptar mi hospitalidad». Los daneses miraron en derredor. ¿Cómo podían aceptar algo de esta santa obviamente necesitada?

No, de verdad, acabamos de comer. Tenemos que irnos.

No obstante, ella insistió y les obligó a sentarse a la mesa. Puso dos vasos sencillos delante de ellos. Después, de un armario pequeño sacó su preciada ofrenda de hospitalidad: una pequeña jarra de dulce de fruta. Llenó los vasos de agua y echó unas cucharaditas de mermelada. Eso fue todo: vasos de agua y cucharaditas de mermelada.

¿Con qué patrón se puede medir la generosidad? No se puede medir con dólares y centavos. La generosidad se basa siempre en la proporción del don que da el dador. Esta mujer, como aquella viuda a quien Jesús vio echar dos *blancas*, era fabulosamente generosa.

Cada año los Estados Unidos dan una cantidad equivalente al dos por ciento de su producto nacional bruto, en uno de los últimos años 90.000 millones de dólares[1]. Una de las naciones más ricas de la tierra debe dar para cubrir las necesidades que hay en el mundo. Sin embargo, sorprende lo que dan los norteamericanos. Según una encuesta realizada por el sector independiente de la capital de Washington, el porcentaje más alto de donantes obtienen ingresos inferiores a los 10.000 dólares al año[2]. La Oficina del Censo llegó a la misma conclusión: las familias con ingresos menores a 15.000 dólares dieron el doble en términos porcentuales que las familias con ingresos superiores a los 100.000[3]. Aunque América tenga algún rico generoso de vez en cuando, son las viudas con sus blancas las que aventajan al resto con su generosidad.

El dar por fe

Así era en el tiempo de Pablo. Éste puso a las iglesias de Macedonia como ejemplo, ya que, a pesar de su gran prueba y aflicción, sobreabundaban de gozo por la riqueza de su liberalidad (2 Cor. 8:1-5). Ellos dieron más allá de su capacidad, espontáneamente, y suplicaban a Pablo les concediera la ocasión de participar en las necesidades de los santos en otros países. Estos versículos de 2 Corintios 8 nos muestran varios aspectos de la generosidad bíblica:

- Nunca es legislada, sino enteramente voluntaria. Se ejerce el derecho a la propiedad privada pero se da libremente lo que se desea compartir (versículo 3; véase también Hechos 2:43-47).
- Es espléndida, no meramente algo que no se echará de menos (versículos 2,3).
- Aun cuando sobrepase la propia capacidad y sea costosa, si se da en obediencia al Señor, se dará con gran gozo, incluso con júbilo (versículo 4; véase también 2 Cor. 9:7).
- Brota antes del amor al Señor y después del amor a las personas (versículo 5).

Esta clase de dádiva por fe será siempre recompensada por el Señor. Brota de un corazón generoso y la generosidad es una actitud que se extiende a otras esferas aparte del dinero. Si somos generosos de corazón, lo seremos con el tiempo; también seremos generosos para perdonar, para enseñar; con nuestra influencia, con los nuestros, con cualquier recurso que el Señor nos haya dado.

El plan de Dios para la provisión

Hemos visto en el capítulo anterior que dar es una forma de adorar a Dios. Pero él concibió que nuestra generosidad acarreara consecuencias prácticas, incluida la provisión para categorías especiales de personas.

La Biblia revela maneras mediante las cuales se hace provisión para la gente. Cada uno de nosotros entra en una de las siguientes categorías:[4]

- Los ganapanes
- Los pobres y necesitados
- Los enviados
- El pueblo del maná

Los ganapanes

Dios dijo a Adán que ganaría el pan con el sudor de su frente. Este fue el primer mandamiento dado al hombre después de la Caída. La categoría de los ganapanes incluye a la mayoría de las personas, los que trabajan para producir bienes o servicios. Muchos pastores y evangelistas encajan dentro de este grupo porque proveen un servicio a cambio de un salario. El principio —de pastores a pleno tiempo dignos de recibir un salario—, fue respaldado por Jesús (Lucas 10:7) y por Pablo (1 Cor. 9:7-14 y 1 Tim. 5:17-18).

Un joven predicador manifestó recientemente que su objetivo era hacer una inversión prudente para poder ministrar gratuitamente durante dos años. Al principio esto puede parecer bueno. Aceptaría pastorear de forma gratuita donde la gente no podía apoyarle. Podría desempeñar cualquier ministerio sin tener que preocuparse de recibir ayuda de nadie. Yo no pongo en duda la motivación de este joven pastor, pero sí cuestiono la sabiduría de este plan. En realidad, burla el modelo bíblico de que la gente debe dar a la persona que les ministra.

Los pobres y necesitados

Las necesidades de los pobres deben ser cubiertas mediante nuestra generosidad. En lugar de obligar a pagar impuestos y redistribuir la riqueza a través de instrumentos gubernamentales impersonales, la Biblia defiende el derecho a la propiedad privada, pero nos recuerda ser generosos con el pobre y el necesitado.

La Biblia asegura que siempre habrá pobres entre nosotros. Hay múltiples razones para que esto sea así. Algunas personas pobres son víctimas inocentes; otras son pobres por causa de decisiones erróneas. Pero, en cualquiera de los casos, no debemos endurecer nuestro corazón (Deut. 15:7,11; 1 Juan 3:17), excusarnos o enviarles con las manos vacías (Sant. 2:16). Jesús no mandó dar sólo a pobres merecedores, ni dijo: «Dad a quien os pida, a no ser que, por supuesto, esté defraudando a la seguridad social o haya sido mal administrador de sus propios recursos». No. Dijo: «Dadle». Dar es un acto de misericordia y la misericordia nunca es merecida.

> *Cuando tu hermano empobreciere y se acogiere a ti, tú lo ampararás; como forastero y extranjero vivirá contigo (Lev. 25:35).*

Cuando yo era muchacho, vivía con mi familia en El Centro, —California— enfrente del parque principal. Eran tiempos difíciles y unas cien personas sin techo solían dormir al aire libre.

A menudo se acercaban a nuestra puerta de atrás, y sombrero en mano, pedían respetuosamente si podíamos darles algo para comer. Yo nunca vi a mi madre despachar a nadie sin ofrecerle nada. Nosotros mismos teníamos escasez, ya que vivíamos de los diezmos y ofrendas semanales de los miembros de la iglesia. Pero mamá les daba algo para comer y quizá les prestaba una manta para dormir un poco más abrigados en el parque.

Hay muchas formas de ayudar a la gente, aunque algunas tienen un efecto más duradero. La Biblia distingue entre los holgazanes y los pobres oprimidos. Se nos dice que si un hombre no trabaja, tampoco comerá (2 Tes. 3:10). Por lo tanto, debemos ayudar al pobre a alcanzar su autosuficiencia. Pero más importante aún es no endurecer el corazón ni justificar con razonamientos excusas para no asumir la responsabilidad que nos corresponde. El Señor ha dado muchas promesas en la Biblia para los que ayudan a los pobres. He aquí algunas:

- Dar al pobre es como hacer un préstamo al Señor (Prov. 19:17).
- Si da, aumentará (Prov. 22:24).
- Será bendecido (Prov. 22:9).
- Será engrandecido (Is. 58:10).
- Prosperará (Prov. 11:25).
- Todas sus necesidades serán suplidas (Fil. 4:19).
- Su Padre celestial se lo devolverá (Mat. 6:4).
- Será librado en el tiempo de angustia (Sal. 41:1).
- Sus graneros estarán repletos de grano (Prov. 3:10).
- No padecerá necesidad (Prov. 28:27).
- Tendrá un tesoro en los cielos (Mat. 19:21).
- Conocerá al Señor (Jer. 22:16).
- La gente y la tierra que el Señor le haya dado serán bendecidos (Lev. 26:5).

El Señor Jesús dijo también que cuando comparezcamos delante de él para ser juzgados, el trato que hayamos dado a los pobres va a ser uno de los criterios por los que seremos juzgados (Mat. 31:46).

Los enviados

Hay otra categoría de personas a la que yo suelo llamar *enviados*. Empleo este término en vez de «misioneros» porque normalmente se suele considerar misioneros a los que llevan cascos y predican bajo los árboles a los nativos en junglas lejanas. El significado original de misionero es «enviado».

Estas personas son enviadas por un grupo, desinteresadamente, para hacer algo en favor de otro. Uno podría ser enviado a los ghettos de Detroit, o a computarizar una base de datos en Suiza para rastrear el avance mundial del cumplimiento de la Gran Comisión. O un enviado podría llevar el Evangelio a una tribu que no ha sido alcanzada en América en los confines de la cuenca del Amazonas.

Los que dan generosamente a los enviados no reciben personalmente un beneficio directo. Dan movidos por su amor a Dios y por ser conscientes de que difícilmente los perdidos podrán pagar a alguien que les muestra el Evangelio. Romanos 10:14-15 afirma:

«¿Cómo oirán sin haber quién les predique? ¿Y cómo predicarán si no fueren enviados?» Dios espera que nuestra generosidad sostenga a los enviados para que ellos lleven el Evangelio (3 Juan 6-8).

La gente del maná

Algunas personas, para cumplir objetivos y llamados especiales, son directamente sostenidas por Dios. Lo mismo que los israelitas recibieron el maná en el desierto, o Elías fue alimentado por cuervos, esta clase de provisión directa de Dios es por breve tiempo, en circunstancias poco frecuentes, o para demostrar contundentemente el poder de Dios. Hemos visto situaciones semejantes en Juventud con una Misión. Cuando 175 obreros nuestros se hallaban en Grecia reparando la nave de esperanza Anastasis, para hacerse a la mar, vieron una provisión —tipo maná— directa de Dios. Una mañana, durante un tiempo de relativa dificultad, enfrente del recinto donde se alojaba el grupo 8.301 peces saltaron a la playa. Los salaron y usaron la provisión para complementar su dieta por muchos meses. Nadie pudo explicar esto. Los vecinos del lugar, incluso los más ancianos, nunca habían visto suceder tal cosa. Y los peces sólo saltaron enfrente del lugar que ocupaban los jucumeros. Fue evidentemente una provisión tipo maná.

Un extraño incidente ocurrió a Reona Peterson, la joven que viajó a Albania, a quien me referí en el primer capítulo de este libro.

En otro viaje misionero, Reona y una amiga llamada Celia se encontraban en Edimburgo y debían partir al día siguiente hacia las islas Hébridas. Andaban escasas de dinero y no sabían qué hacer. Pidieron a Dios que les proveyera. ¿Pero cómo podría él hacerlo en veinticuatro horas en una ciudad de extraños?

Paseaban por la calle Princesa, entre una multitud de peatones que caminaba por las calles al mediodía. Se detuvieron en un cruce y esperaron a que cambiara la luz del semáforo. Cuando Reona dejó atrás la acera, miró hacia el suelo.

¡Mira Celia —exclamó—, mira mi zapato! Se agachó y recogió un billete, atrapado en la hebilla de su zapato. Luego vio otro que estaba pisando. Miraron calle arriba y abajo, pero nadie prestaba atención. Además, si alguien hubiera perdido el dinero, ¿cómo es que un billete quedó prendido en la hebilla? Aquel día no soplaba viento que lo empujara y lo incrustara en el zapato. Era exactamente la cantidad que necesitaban para los gastos del viaje y para pequeñas necesidades durante su estancia en las islas. Las mujeres se convencieron de que el Señor colocó aquel dinero encima y debajo del zapato de Reona.

¿Por qué es esto raro? ¿Por qué son estas historias tan poco frecuentes e incluso difíciles de creer? Después de todo, Dios alimentó misteriosamente a su pueblo en el desierto por cuarenta años e hizo que la comida se «materializara» sobre la tierra para que comieran. Puso una moneda en la boca del pez para que Pedro la encontrara. Entonces ¿por qué no hace esto más a menudo?

Hay varias razones que explican la rareza de la caída del maná. Normalmente Dios usa a su pueblo para cubrir las necesidades de otras personas. Y es que él hace más que satisfacer necesidades físicas. Nos lleva a la unidad por medio de las dádivas. Veremos esto con más detalle en el próximo capítulo.

Otra de las razones por las que Dios usa normalmente a su pueblo es para enseñarnos la verdad de que es más bienaventurado dar que recibir. Él quiere que conozcamos las bendiciones de la generosidad. Entonces seremos como él. Dios ama al dador alegre (2 Cor. 9:7) porque su corazón es también generoso. La verdadera generosidad da libremente, sin restricciones, sin motivaciones egoístas y sin ánimo de controlar. Un dador alegre da y deja que Dios rellene su taza para poder volver a dar.

Corrie ten Boom enseñaba en nuestras escuelas de Juventud con una Misión hasta que falleció en el año 1983. Nunca olvidaré uno de los sencillos ejemplos con que solía ilustrar cómo Dios recompensará a los generosos. Se ponía enfrente de la clase de jóvenes alumnos misioneros y colocaba dos botellas llenas de arena delante de ellos. Una botella tenía la boca muy estrecha y la otra muy ancha. Tomaba la primera botella y la volcaba. La arena se derramaba rápidamente sobre la mesa. Después hacía lo mismo con la segunda botella. La arena hacía un pequeño chorro, y tardaba bastante en vaciarse. —¿Ven lo que pasa? —decía. Luego esperaba a que se agotara el fino caudal de arena—. Esta botella es como algunos cristianos. Ellos dan a Dios, aunque no tan pronto ni tan libremente. Pero observen lo que sucede.

Acababa e invertía el proceso, introduciendo de nuevo la arena en las botellas. La botella de boca ancha se llenaba rápidamente hasta rebosar. Sin embargo, le hacía falta bastante más tiempo para rellenar la de boca estrecha. Había dado despacio y recibía poco a poco. ¿A qué tipo de botella se asemeja usted?

NOTAS

1. *The Christian Century*, 14 de dic., 1988, 1140-1141.
2. Ibid.
3. *National Review*, 10 de mar., 1989, 44.
4. Estoy en deuda con mi amigo Rod Gerhart, autor de estas cuatro categorías, que yo he adaptado.

CAPÍTULO 8

El apoyo a las misiones, al estilo de Jesús

¿Por qué no provee Dios de inmediato todo el dinero que se necesita para llevar a cabo su obra en la tierra? Ciertamente, podría inducir a algún millonario a demostrarle su amor entregando un generoso cheque para financiar el cumplimiento de la Gran Comisión. O podría inspirar a alguno de los que le aman, alguien digno de confianza, a tropezar con un tesoro oculto o a hacerse rico y entregarlo todo a la obra del Señor. ¿Por qué no permite él que uno de sus queridos hijos gane uno de esos premios de diez millones de dólares que llegan por correo?

Todos los que están en el ministerio y han derramado lágrimas preguntándose cómo seguir adelante con su llamado se deben haber hecho las mismas preguntas. Un misionero exclamó frustrado: «Nunca tenemos bastante dinero para hacer lo que debemos hacer. Es como si Dios me hubiera atado una mano a la espalda y me hubiera dicho luego que hiciera la misma cantidad de trabajo. ¡No es justo!» ¿Y por qué tienen que escribir cartas de noticias los misioneros? Estoy seguro de que todos los misioneros se han irritado alguna vez ante la tarea continua de escribir cartas o producir cartas de noticias para enviar a su país de origen. Después de todo, la mayoría nunca responde. Y es doloroso tener que apartar un día o dos al mes para informar a la gente, máxime cuando los obreros son pocos en la obra del Señor y las presiones que esos pocos sufren son muchas. Así pues, ¿por qué hacer la tarea más importante del mundo de esta manera?

Tenemos que contemplar el ministerio y el dinero bajo la perspectiva de Dios. Nos preocupa la cantidad de trabajo que se hace y la obtención del dinero para llevar a cabo nuestros objetivos. Al fin y al cabo, son los objetivos de la obra de Dios. ¿no es así?

Sin embargo, el Señor tiene unos objetivos bien distintos. Su principal preocupación es restaurar las relaciones, entre nosotros y él y entre cada uno de nosotros. Por eso ha diseñado las cosas de tal manera que tengamos que depender de otros para nuestro apoyo económico y para hacer su obra.

Jesús nos dio ejemplo de esto. Él mismo trabajó de carpintero durante sus años adultos, pero durante los tres años de pleno ministerio, él y sus discípulos recibieron la ayuda de «Juana, mujer de Chuza intendente de la casa de Herodes, y Susana y otras muchas... que le servían de sus bienes» (Lucas 8:3). A medida que la gente daba para la obra de Dios muchas cosas maravillosas sucedían.

Una anécdota acaecida en Nueva Orleáns ilustra las cosas que el Señor hace a través de lo que damos. Lisa, niña de diez años, obtuvo quince dólares vendiendo cosas viejas. En vez de gastárselos en caramelos, juguetes o ropa, Lisa decidió donarlos a un misionero urbano llamado Chuck Morris, que trabajaba con JUCUM en el centro de una gran ciudad. «Use este dinero para la misión» —le dijo la niña.

Como Chuck se daba cuenta de que quince dólares era una cantidad considerable para una niña de tan solo diez años, consideró atentamente cómo invertirlos. Entonces se acordó de David un hombre que muchos niños de diez años no tendrían ocasión de conocer. David no tenía trabajo y había estado durmiendo en el parque de la ciudad. Chuck le guió al Señor. David quería conseguir un trabajo, pero no tenía dinero para pagar la tarjeta de identidad exigida para trabajar en Louisiana. Chuck decidió emplear los quince dólares de Lisa para pagar la tarjeta, de modo que David recuperara su autoestima haciendo un trabajo remunerado.

Más adelante Chuck envió a Lisa una foto de David y una carta en la que le explicaba cuán importantes habían sido aquellos quince dólares para él. Al cabo de pocas semanas también David escribió a Lisa dándole las gracias y anunciándole que había conseguido un trabajo. Actualmente Lisa ora regularmente por David, consciente de que su dádiva al Señor ha significado mucho para la vida de un hombre.

Este es sólo un pequeño caso entre posiblemente millones de ellos, pero ilustra el resultado final por lo que concierne a Dios respecto a la economía. El balance de su libro mayor son las relaciones. Dios demostró su amor dando a su Hijo unigénito en el hecho más espléndido de la historia, y proveyendo continuamente para cada uno de nosotros.

La Palabra de Dios asegura que toda buena dádiva procede de nuestro Padre celestial (Sant. 1:17). A cambio, nosotros demostramos nuestro amor por él dando a los demás. Pero no sólo fortalece nuestra relación con Dios, la dádiva une también nuestro corazón con el receptor de la misma.

La dádiva que vincula corazones

Jesús nos advirtió que donde esté nuestro tesoro allí estará nuestro corazón. Cuando damos nuestro tesoro a personas concretas y a sus ministerios, nuestro corazón estará con el suyo. Nos sentiremos responsables de orar por ellos, como la pequeña Lisa de la historia de Nueva Orleáns. Podrá ser una región al otro lado del mundo, una zona que tal vez nunca visitemos, pero estaremos más cerca de esas personas y de lo que Dios está haciendo en ese país gracias a nuestra dádiva. Es la táctica de Dios para forjar y fortalecer relaciones.

También, algo importante le sucede al que recibe el don. Es humillante que alguien te dé, especialmente cuando sabes que el dador se ha sacrificado para dártelo y apoyar tu obra. Te hace andar con pies de plomo para no defraudar la confianza que han depositado en ti. Es importante que todos experimenten esto. Nuestro orgullo se encoge cuando ocupamos el lado receptor de una dádiva generosa y no la podemos devolver, sino sólo dar las gracias a la persona que nos la ofrece y pedir que Dios la bendiga. Preferimos ser autosuficientes.

Muchas veces he hablado con personas que querían ser un día misioneras cuando pudieran sufragarse los gastos. Pero lo triste es que, aunque unos pocos pudieran arreglárselas para no contraer deudas y encontraran una forma de financiar su propio trabajo, se perderían el terrible, pero hermoso, y humillante lazo que vincula a dos personas cuando una de ellas pone dinero en la mano de la otra y le informa que el Señor le ha mostrado que se lo dé.

Surge un vínculo especial para siempre entre ti y la persona que te dio. Te preocupas y oras por ella de manera distinta a como lo harías por los que nunca te han dado de forma directa. También querrás naturalmente enviarle noticias acerca de tu ministerio, e informarle del uso que se ha hecho de su don en la obra del Señor.

Todas estas cosas suceden gracias al método divino de dar los unos a los otros en el Cuerpo de Cristo. Dado que todo ministerio necesita dinero, él ha garantizado que siempre nos necesitemos los unos a los otros para que tratemos siempre de mejorar nuestras relaciones. Al mismo tiempo que las necesidades del ministerio son satisfechas, la gente con empleos en ciudades y pueblos verá cómo se ensancha su visión y verá el mundo como Dios lo ve, todo gracias a sus dádivas y a los informes que reciben de sus representantes personales desde allá lejos. Y la oración se hará desde los dos extremos, para hacer la batalla espiritual que es necesaria para llevar a cabo cualquier cosa. Nada de esto sucedería si no dependiéramos del dinero y de los que lo donan para mantener la continuidad de la obra de Dios.

Podrá parecer imposible a misioneros o pastores que pasan dificultades llegar a fin de mes, pero si una fundación poderosa financiara su obra o si algún millonario firmara un cheque sin límite, podría suponer la muerte de su ministerio. Los misioneros necesitan más que dinero. Necesitan personas que les respalden y oren por la extensión del reino de Dios, que se impliquen en la batalla espiritual mediante las dádivas y la intercesión.

Un plan 30/30 para las misiones

Un joven africano de Zimbabue llamado Archie Guvi me hizo una vez una pregunta.

—Loren, Dios me ha llamado a ser misionero. Pero no cuento con apoyo económico y nuestra gente no ha sido enseñada a dar a los misioneros. ¿Qué puedo hacer?

Yo le respondí: «Entonces hay que enseñarles. ¿No enseña la Biblia en su lengua materna que vayan por todo el mundo y prediquen el Evangelio a toda criatura?»

Él objetó que no creía que aquella pobre gente pudiera ayudarle a ir y entonces le pregunté: «¿Cuánto cuesta un refresco en Zimbabue?»

Veinticinco céntimos.

Archie, ¿conoces a veinticinco personas que te darían un refresco si fueras a su casa un día de mucho calor y se lo pidieras?

—Claro que sí —respondió.

—Consigue veinticinco personas que estén dispuestas a darte lo que cuesta un refresco diario.

Más tarde me enteré de que Archie era misionero. Yo debería haberle retado a encontrar treinta, pero me quedé corto y dije veinticinco. No obstante, este modelo daría resultado en cualquier parte, independientemente del nivel de necesidad, con un pequeño reajuste: el mes tiene treinta días (no veinticinco). ¿Qué sucedería si todos los misioneros se pusieran como meta conseguir treinta personas que se hicieran responsables de cubrir sus gastos de un día de trabajo para el Señor? Contarían con treinta personas cuyos corazones seguirían su tesoro, orarían por ellos, creerían en ellos y les apoyarían cuando necesitaran ánimo.

¿Y si surgiera una emergencia? ¿Alguna crisis que exigiera oración adicional? El misionero podría contactar con sus treinta benefactores y solicitarles que oraran y, probablemente, los treinta ejercerían un círculo de influencia sobre otros diez. Podrían pedir a diez personas que oraran, lo que significaría que trescientas estarían prontamente dispuestas a orar por él. Extiéndase esto a una organización misionera como JUCUM, que se esfuerza por llevar el Evangelio a todo los rincones del mundo y que depende grandemente de su base de oración. Se podría lograr que oraran entre 300.000 y 3.000.000 de personas.

Esta propuesta también podría resolver algunos problemas comunes. Yo he visto pastores por todo el mundo abrumados al oír las súplicas de nuevos misioneros. Ellos quieren ayudar, pero se las ven en gran dificultad para motivar a sus congregaciones a dar. Es como si empujaran un gran peso cuesta arriba, e intentaran que los suyos se preocupen de los extraños.

Surgen también otros problemas inherentes en el apoyo menos personal a las misiones. He visto con frecuencia la desilusión de obreros que se ven obligados a abandonar su asignación misionera debido a que la iglesia que los apoya tuvo un cambio repentino de pastor y éste no les conocía o no creía en lo que estaban haciendo. Tan pronto como la iglesia se encontró en una situación económica un poco difícil, se les cortó el apoyo que recibían. O todavía más triste, algunas iglesias se han dividido y han dejado a los misioneros sin recursos.

No obstante, cuando los enviados reciben apoyo a través de relaciones con individuos (aunque los fondos sean canalizados a través de la iglesia local), como en el plan treinta días/treinta personas, si uno de los que apoyan se arruina o deja de ayudar por algún otro motivo, el misionero sólo tiene que ayunar un día al mes hasta sustituir esa baja. Será más fácil reemplazar a uno que perder la mayoría de su apoyo. Pero más importante aún es la amistad que se desarrolla a través de este «vínculo de corazón con un propósito»: alcanzar el mundo para Cristo.

Beneficios del apoyo a la misión al estilo de Jesús

Jesús fue apoyado por amigos, no por un grupo o un fondo impersonal, sino por amigos. La Biblia no se opone a los medios impersonales de apoyo a la misión. Pero se derivan muchos beneficios cuando unas personas son apoyadas directamente por otras.

- Los que dan disfrutan el gozo de participar en el ministerio de alguien. Se forman vínculos entre las personas, no entre estructuras organizacionales.
- El misionero rinde directamente cuentas a los que le apoyan.
- El dador obtiene información directa y oportuna de lo que está sucediendo en la misión mediante la comunicación regular del misionero.
- La dádiva que vincula corazones probablemente no se verá afectada por la recesión o los tiempos difíciles.
- Proporciona a todos los misioneros la oportunidad de obtener la ayuda que necesitan, no sólo a aquellos que realizan un ministerio más *brillante o emocionante*

El finado doctor Donald McGowan, experto en misiones, del Seminario Teológico de Fuller, instó a los cristianos a que iniciaran miles de mini-juntas misioneras con el propósito de que se comprometieran directa y personalmente con uno o dos misioneros. La razón es sencilla: hay muchas desventajas en la manera más tradicional, según la cual una iglesia apoya a una lista de misioneros. A veces, ningún miembro de la iglesia conoce realmente a los misioneros que apoya. A veces han transcurrido ocho o diez años desde que cierto misionero visitó la iglesia. Y como lo hizo en una reunión de iglesia, la gente no tuvo oportunidad de conocer personalmente al misionero. Y con frecuencia, nadie lee las cartas de los misioneros excepto una secretaria muy atareada que repasa el correo, o quizá un director de misiones. Y puede que estas personas hayan comenzado a asistir a la iglesia recientemente y no conozcan a aquellos cuyas cartas se reciben por correo.

Incluso los pastores altamente motivados a impulsar a los suyos a dar para las misiones tienen por delante una ardua tarea con este sistema. Algunos tienen que confesar que se ven obligados a motivar a la congregación con un conferenciante misionero para que no dejen de ir a otra *aburrida* reunión de misiones.

Un experimento noruego

JUCUM, Noruega, ha dado inicio a uno de los planes más innovadores que he visto últimamente. Han fundado las Confraternidades «Id», pequeños grupos de apoyo organizados con el fin de enviar nuevos misioneros. Algunos de los rasgos que caracterizan a estos grupos son los siguientes:

- Cada Confraternidad *Id* es un grupo de apoyo a un misionero. (Ya tienen veintiocho grupos funcionando en varias regiones de Noruega.)
- Cada Confraternidad Id incluye miembros de al menos dos congregaciones, a fin de maximizar la cooperación en el Cuerpo de Cristo.
- Estos grupos se reúnen una vez por semana para orar por su misionero. También, leen una carta enviada por su misionero esa semana, así como noticias de la oficina nacional de JUCUM. Una vez al mes ven *Perspectiva Global*, vídeo de JUCUM con información sobre misiones.
- Oran por el grupo étnico sin testimonio al que su misionero ha sido enviado. A veces inician una Confraternidad Id, con enfoque a un grupo étnico no evangelizado, antes aún de encontrar un misionero que pueda ser enviado a ese grupo.
- Cuentan con un coordinador de Confraternidades Id, de tiempo completo, en la oficina nacional de JUCUM en Noruega. Su tarea consiste en mantener bien informadas a las Confraternidades con noticias recibidas acerca de la evangelización mundial.

¿Se imagina usted la dinámica de estos grupos? Proyectan aumentar de número cada año hasta lograr mil grupos y mil nuevos misioneros. Estoy seguro de que los pastores locales descubrirán que estas Confraternidades están deseosas de promover las misiones de múltiples formas en sus respectivas iglesias. Algunos probablemente aprovecharán sus vacaciones para ir a visitar a sus misioneros. Puede que muchos acaben incluso siendo enviados.

Libertad para cometer errores, libertad para obedecer a Dios

Algunos responsables temen este tipo de implicación directa de los que dan para las misiones. Hay cierta pérdida de control sobre las dádivas de los miembros de la iglesia. Sin embargo, la pérdida de control es parte de la generosidad. Siempre que sea generoso y dé, perderá control.

El mismo tipo de prueba tuve que superar cuando el Señor nos guió a fundar una organización misionera nutrida de personal no asalariado. No recaudamos dinero para depositarlo en un fondo centralizado para sufragar el sueldo del personal; por lo tanto, no tenemos la capacidad de contratar y despedir obreros.

He tenido que permitir una máxima libertad a los miles de misioneros repartidos por todo el mundo. Esto les ha concedido una mayor libertad para buscar a Dios, obtener su guía, salir y obedecerle al máximo de sus capacidades. ¿Han cometido errores? Ciertamente. Pero también se ha contado con un sistema natural de evaluación y control, ya que los innovadores pudieron realmente probar sus ideas y comprobar si era el Señor quien les guiaba o estaban movidos por una extraña idea nacida de su celo juvenil.

Los responsables espirituales deben cuidarse de no controlar ni manipular a los siervos de la viña del Señor guiados por el Espíritu y comprados a precio de sangre. Los cristianos tenemos que dar con las manos abiertas, como siervos. Nunca debemos procurar dar con férreo control. El excesivo control sofoca la iniciativa, y, en última instancia, puede atarnos al Rey de Tiro. El método satánico es controlar a las personas a través del dinero.

Recientemente, un empresario ofreció financiar lo que faltaba del presupuesto de una obra muy necesaria en la India, con tal que se le concediera el voto mayoritario en una junta. Eso no es generosidad bíblica ni dar con un corazón de siervo.

¿Qué decir de una contabilidad adecuada para las mini juntas de misión? Esta podría gestionarse si la iglesia local asistiera a la mini junta, emitiendo recibos para la declaración de la renta y solicitando al misionero estados financieros de fin de ejercicio. Puede que una iglesia tema este tipo de actuaciones por creer que podrían agotar su base de captación de fondos. Sin embargo, en más de treinta años, he observado que las iglesias que permiten a sus miembros dar donde el Señor les guíe tienen sus propias necesidades cubiertas con abundancia. Es una extensión corporativa del principio bíblico de dar y recibir (Lucas 6:38).

En la misma manera que unas personas apoyan a otras, las iglesias podrían ofrecer la clase de dádiva que más se adapte a ellas, financiando grandes proyectos con un principio y un fin bien definidos.

Principios bíblicos para la recaudación de fondos

La Biblia enseña muchos principios concernientes a la recaudación de fondos y el sostenimiento misionero, e incluso dedica capítulos enteros al respecto.[1]

Para empezar, la Biblia enseña que el ministro de tiempo completo debe considerar los donativos recibidos como algo sagrado para el Señor. Lo mismo que las ofrendas dadas a los levitas en el Antiguo Testamento eran santas (Lev. 22), el obrero a tiempo completo debe aceptar ofrendas con sumo cuidado y con temor de Dios. Nunca debe dejar de ser sensible al hecho de que la gente se sacrifica para darle a él.

Otro principio hallado en la Escritura es la responsabilidad que cabe pedir a cualquiera que maneja dinero ajeno dedicado a la obra del Señor. Cuando Pablo envió a Tito de viaje para recaudar fondos para las necesidades de los santos, también envió un hermano cuyo nombre no facilitó, de fidelidad probada, diligente, para ayudar a llevar la contabilidad, ya que Pablo dijo: «Evitando que nadie nos censure en cuanto a esta ofrenda abundante que administramos, procurando hacer las cosas honradamente, no sólo delante del Señor sino también delante de los hombres» (2 Cor. 8:20-21).

Fíjese que no bastaba con ser honesto delante de Dios. También había que dar una imagen de rectitud ante los ojos de los hombres.

Algunos grupos han fracasado por ser volubles y no respetar ofrendas asignadas a fines concretos, desviándolas del proyecto o persona a la que iban destinadas. Esto, aparte de no ser ético, en muchos países contraviene la ley. No es honesto excusarse y desviar donativos allá donde se percibe una mayor necesidad. Quizás, si se produjese un cambio de circunstancias, sería necesario contactarse con los que ofrendaron y preguntarles qué hacer al respecto. Pero siempre se debe respetar estrictamente el donativo y destinar el dinero a la finalidad pretendida por el donante.

Redes de oración e interdependencia

Cuando se da atendiendo al fin que Dios pone en el corazón, se tendrá abundancia para realizar su obra. Lo que le importa a Dios no es el dinero, sino las relaciones. Él usará la sociedad constituida dando y recibiendo para construir una red de oración y fortalecer la interdependencia entre sus hijos. Si da, su tesoro irá parte a este obrero y parte a aquél, un poco a un país concreto y un poco a otro. La visión y el entusiasmo de participar en lo que Dios está haciendo por todo el mundo no dejará de crecer. Tendrá intereses en juego.

Es extraño y maravilloso ver cómo funciona el sistema económico de Dios. En Juventud con una Misión se practican mucho las dádivas para satisfacer las necesidades mutuas. Me asombro de las muchas cosas que Dios puede hacer con el mismo dinero cuando cambia de manos. Así aconteció en Hilo, Hawai, hace algunos años.

Como responsables de una escuela de formación de misioneros en Hilo, nos preocupábamos de la cantidad creciente de becas que se adeudaban. Celebramos una reunión para preguntar a Dios qué estaba intentando decirnos a través de aquella situación.

Me vino a la cabeza la idea de buscar el pasaje de 2 Corintios 8 y leerlo. Yo sabía que tenía que ver con dar para las necesidades de los santos, pero cuando empecé a leer el pasaje, me llamaron la atención los versículos 14 y 15.

«Sino para que en este tiempo, con igualdad, la abundancia vuestra supla la escasez de ellos...para que haya igualdad, como está escrito: El que recogió mucho, no tuvo más, y el que poco, no tuvo menos».

Recordé las palabras de un viejo predicador, que decía que en todo grupo Dios ya había puesto la cantidad de dinero necesaria para cualquier cosa que él le mostrara hacer. Y de momento parecía que Dios nos estaba diciendo que debíamos cubrir las necesidades de los alumnos —miles de dólares en becas—, unos 150, incluido el personal.

Reunimos a los alumnos y al personal y les dijimos lo que sentíamos que el Señor había dicho. Lo primero que hice fue pedir a los que debían sumas sustanciales a la escuela se pusieran de pie y dijeran exactamente cuánto necesitaban. Luego pedí al grupo que orara individualmente, o en parejas los casados, y preguntaran al Señor si debían ofrendar, y en caso afirmativo, la cantidad y a quién debían ofrendar.

Mi esposa Darlene y yo oramos en silencio codo con codo. Después de algunos minutos susurré: «¿Qué has recibido Dar?» Ella respondió: «He sentido de parte de Dios que debemos dar cien dólares a Tom Hallas».

«Pero cariño, debíamos orar por las necesidades de los alumnos —señalé— y Tom Hallas es parte del personal». Aunque no lo expresé, el significado tácito era claro: «Te has equivocado, Dios no puede haberte dicho eso». Luego le dije que me sentía claramente dirigido a dar cincuenta dólares a cierto alumno. No pude evitar explicárselo de forma muy clara: «No tenemos cien dólares en nuestra cuenta corriente, Dar, sólo poco más de cincuenta».

Las cabezas aún estaban inclinadas. Algunos ya se movían de un sitio a otro, el dinero corría de mano en mano, la gente se abrazaba y reía suavemente o lloraba.

—Bueno Loren —dijo Dar—, tal vez esto sólo sea algo entre Dios y yo. Tal vez debo de confiar yo sola en Dios para darle a Tom cien dólares.

Entonces me di cuenta que podría estar a punto de perderme algo. Decidimos volver al Señor, pero con la impresión de la otra persona en mente. Pregunté al Señor si debíamos dar cien dólares a Tom, y Dar le preguntó si debíamos dar cincuenta dólares al alumno. Para mi sorpresa, los dos sentimos que ambas impresiones eran de Dios.

A veces la gente puede recibir distinta dirección de Dios y errar el blanco: Él no estaba diciendo *una* opción entre dos, sino *ambas* opciones a la vez. Firmé un cheque de cincuenta dólares y se lo entregué al alumno cuyo nombre se me había dado. Luego volví a mi asiento y esperamos para ver qué hacía Dios. No podíamos dar cien dólares que no teníamos. En ese momento se acercó Tom Hallas. Su rostro reflejaba un enorme signo de interrogación. Permaneció de pie y habló suavemente, como para no molestar a los que aún estaban orando y procurando oír la voz de Dios.

—Diane y yo —empezó a gesticular ante su esposa— hemos estado orando. Y creemos que el Señor nos ha dicho que demos cien dólares a un alumno —se rascó detrás de la oreja y desvió la vista pensativamente. Pero no tenemos dinero. Loren, ¿crees que Dios nos podría pedir eso?

—Sí creo que podría —dije yo sonriendo—. A decir verdad, Dios nos ha mostrado a Dar y a mí que te demos cien dólares, y resulta que nosotros tampoco los tenemos. Vamos a esperar un momento para ver lo que Dios hace. Tom se encogió de hombros y dijo: «Bueno, al menos me siento mejor». Luego volvió a su asiento.

A continuación una mujer del personal llamada Debbie Smith se nos acercó. En su rostro también se dibujaba una interrogación.

—Loren, Dios me ha mostrado que debo darte cien dólares y también decirte que no son para ti. Pareció ruborizarse. ¿Crees que Dios haría eso?

—Por supuesto que sí, Debbie. Quédate aquí, no te vayas.

Fui a buscar a Tom y Diane. Luego le dije a Debbie: «Dame los cien dólares». Cuando los tuve en mi mano me volví hacia Tom —Darlene estaba a mí lado—. «Tom, Dios nos ha indicado que te demos cien dólares». Los tomó y sonrió. Después fue a buscar a la alumna a quien creyó que debía de dar.

Yo sacudí la cabeza lleno de asombro. ¿Por qué no mostró Dios a Debbie que diera los cien dólares directamente a aquella alumna? ¿Por qué nos involucró a Dar y a mí, a Tom y Diane, y después a Debbie, en el asunto? Creo que fue para que viéramos un microcosmo de la manera en que funciona la economía de Dios en todo el mundo. El mismo dinero que de todos modos pertenece a Dios, según Hageo 2:8, pasa de mano en mano, cubre necesidades y nos permite a todos participar en el milagro de la provisión, fortalece nuestra unidad y nos invita a la obediencia.

El Cuerpo de Cristo ya cuenta con el dinero necesario para toda obra del Señor. David Barrett, editor de la *World Christian Encyclopedia*, ha declarado que dos tercios de la riqueza mundial está bajo el control de los cristianos.[2] No hace falta más dinero en el Cuerpo de Cristo. Lo que sí hace falta es que fluya más. A medida que demos unos a otros, persona a persona, iglesia a iglesia, a través de barreras nacionales y denominacionales, el Cuerpo de Cristo estará más unido y más cerca del Señor.

NOTAS

1. Véase 1 Corintios 9 y 2 Corintios 8 y 9.
2. David B. Barrett y Todd M. Johnson, *Our Globe and How to Reach It* (Birmingham, Ala.: New Hope, 1990), 25.

CAPÍTULO 9

La vida de fe en un mundo de jornada laboral

Hace mucho tiempo que entró en la iglesia cristiana una idea que nos ha hecho mucho daño: creemos que existe un mundo *secular* y otro mundo *sagrado*. Algunas personas son clérigos y desempeñan un ministerio en la iglesia, y este ámbito es el es sagrado. Otras personas viven y trabajan en el «mundo real», y tienen empleos laicos, pero participan en la obra de Dios apoyando a los que trabajan en las iglesias. Estos son los *seglares*.

Quizá usted nunca haya pensado cuán profundamente afecta esta idea su actitud frente al trabajo cotidiano. Como muchos cristianos, tal vez considere que su trabajo es una actividad «neutra», en términos espirituales. O en el peor de los casos, que el trabajo es algo un poco sucio, pero que hay que hacerlo sin más remedio. Se acude a la iglesia los domingos y, quizás, a mediados de semana, para darse un baño espiritual antes de zambullirse una vez más en la suciedad del mercado del mundo. Suceden grandes victorias espirituales, milagros y provisiones económicas, pero siempre ocurren en algún otro lugar como en el campo de misión, o en las actividades de los ministros del evangelio. O quizá le puedan suceder al trabajador *seglar*, pero con la condición de que tome un tiempo para hacer algo *sagrado* (como compartir su fe con algún compañero de trabajo). Luego que el seglar termina su actuación en este espacio sagrado, regresa al mundo secular, en donde no acontecen *eventos espirituales*.

¿Es así la realidad? No lo creo. Los milagros pueden suceder tanto en el campo misionero o en el puesto de trabajo. Dios está deseoso de intervenir y de ayudarle a realizar su vida de trabajo. Pero, por supuesto, usted necesita tener la perspectiva del trabajo según Dios.

Si usted ama al Señor Jesús y le sirve en el lugar y la forma específicos a su llamamiento, podrá vivir por fe y ver sus victorias espirituales en la fábrica, en el despacho de abogados o el gran almacén y la fábrica donde usted trabaja. Como ya mencioné en el capítulo anterior, la palabra «misionero» sólo significa «enviado». Y Jesús dijo a todos sus seguidores: «Como me envió el Padre, así también yo os envío» (Juan 20:21).

La única pregunta que resta por responder es la cuestión del lugar y del tipo de trabajo que la persona desempeña. ¿Cómo empezó la profesión o el trabajo al que ahora se dedica? ¿Pidió usted a Dios una revelación clara para saber cuál era el mejor trabajo para su vida? O como muchos cristianos, ¿resolvió que como no había sido llamado a un ministerio eclesiástico, tal decisión le correspondía a usted y no a Dios?

Muchos se han visto arrastrados a diversas ocupaciones ocasionales y han descubierto años más tarde que son infelices y siempre están insatisfechos. En vez de encontrar plenitud y gozo en el trabajo, como Dios lo estableció (Deut. 12:18), sólo realizan un trabajo para ganarse la comida.

Pero Dios tiene un *llamado* para todos los cristianos. *Todos* debemos hacer lo que hacemos, para la gloria de Dios. Él no divide los llamados en *sagrados y seglares*. Nosotros los hemos dividido. Él tiene un trabajo por hacer y desea que todos nosotros participemos. Su tarea consiste en extender el señorío de su hijo Jesucristo en cada esfera de la sociedad, y dar a conocer sus buenas nuevas a todos los habitantes del planeta. Como Señor de la cosecha, él nos hará saber en qué parte del campo hemos de laborar.

Conozca su llamado

¿Tiene usted un llamado? ¿Un sentido de destino? ¿Un sentido general de «misión» en su vida? Si no lo tiene, puede obtenerlo. Naturalmente, se le exigirá rendir el derecho que tiene a hacer su propia voluntad. Puede que Dios quiera trasladarle a usted y a su familia al otro extremo del mundo para que haga algo diferente a lo que está haciendo. Puede que él quiera que se queden donde están. La única forma de ser *guiado* por el Señor de la Cosecha es dejar esta decisión en sus manos.

Una vez usted sepa que está en el lugar correcto —el lugar que Dios le haya elegido—, y usted haga lo que Dios le ha llamado a hacer, actúe entonces como un misionero en ese lugar. ¿Cómo actúan los misioneros? Para ser eficaces buscan primero a la guía de Dios para conocer detalles concretos y saber cómo desempeñar su tarea. Oran y prestan atención a los impulsos internos que reciben del Señor, y actúan en consecuencia. Cuando algo parece imposible —mientras hagan lo que Dios les ha mandado— pueden confiar en que él hará lo que ellos no pueden hacer.

Volvamos a la definición que dimos de la fe en el capítulo segundo. Fe es oír la voz de Dios, ponerla en práctica, y confiar que él hará lo que yo no puedo hacer. Esta clase de fe actúa cuando uno fabrica piezas metálicas o cuando predica el Evangelio a una tribu inalcanzada del Amazonas.

Muchos cristianos no harían algo que ellos consideran espiritual como dar una clase en la Escuela Dominical, sin haber orado antes. No obstante, esas mismas personas no oran por su trabajo (no consultan con Dios qué metas de mercadeo convendría establecer, cómo cultivar las relaciones con los compañeros de trabajo, cómo hacer que cierto sistema funcione mejor, o cómo resolver un problema de computador. ¿Por qué esa diferencia?

Dos científicos, Rod Gerhart y Wil Turner, trabajaban para desarrollar un instrumento controlado por un micro ordenador, en un proyecto para la Universidad de las Naciones de JUCUM. Cuando se metieron de lleno en el trabajo se toparon con un problema en el sistema informático que les hizo cojear por varios días. Ni las llamadas de asistencia al fabricante ni los experimentos metódicos que probaron pudieron identificar el problema. Sólo sabían que no funcionaba como debía.

Como tenían que hacer frente a una fecha tope empezaron a trabajar por la noche, a veces hasta altas horas de la madrugada. Una noche hicieron una pausa para descansar. Eran como las dos de la madrugada. Los dos hombres salieron a la suave brisa hawaiana para estirar los músculos. Rod contempló la brillante expansión del cielo, enmarcado en un suave movimiento de palmeras. «Oh Señor, tú conoces la respuesta a este problema. Ayúdanos, por favor» —oró en silencio—. Justo en ese momento, la causa y la solución estallaron en la mente de Rod. Entonces gritó a Wil: «¡Ya sé dónde está el problema! Vamos adentro». Los dos hombres regresaron al laboratorio y probaron la idea de Rod. El sistema comenzó a funcionar de inmediato. Unos instantes después, cansados, pero jubilosos, ambos científicos echaron el cerrojo y se fueron a descansar. Rod reconoce que habrá personas escépticas que digan que la idea se le ocurrió de repente, lo mismo que se le podía haber ocurrido a un científico ateo que pugnara con el problema. Quizás Robert Schuller tenga razón cuando dice que todas las ideas creativas proceden de Dios, independientemente de la fe de la persona que las reciba. Pero Rod y Wil están totalmente convencidos de que Dios les dio la respuesta que necesitaban aquella noche.

No todas las oraciones van dirigidas a Dios. De vez en cuando interviene el enemigo de nuestras almas. A veces es necesario resistirle directamente en combate espiritual y mandarle detener cualquier actividad que esté promoviendo. Tal vez un problema en el trabajo, o con un compañero, no sea un asunto natural en su origen.

No hay que ver actividad demoníaca en todas las cosas, pero debemos ser conscientes de que el enemigo puede estar actuando. Uno puede usar sencilla y rápidamente la autoridad que Jesús nos concedió sobre el enemigo (Sant. 4:7, 1 Ped. 5:8,9).

Si nos hemos sometido a Dios y estamos haciendo lo que él nos ha mandado, entonces él garantizará nuestro éxito.

El espíritu emprendedor está vivo y con buena salud en mi hijo David. Cuando era adolescente fundó dos pequeñas empresas. Lavado de automóviles, y Producciones de Vídeo *David y David*, en sociedad con otro estudiante de cinematografía, David Tokios. Cuando empezaron a trabajar, los dos se comprometieron a orar juntos antes de filmar o editar algo. Sometían su trabajo a Dios y resistían toda actividad del enemigo. Y todos los días su trabajo transcurría sin novedades. Excepto un día. Cierta vez, en medio del ajetreo de la filmación de una película olvidaron orar. Tenían mucha prisa y se pusieron a trabajar de inmediato. Aquel día todas las cosas salieron mal. Todo lo que podía estropearse en un sistema de edición se estropeó. Cuantos más problemas surgieron, tanto más se disgustaron primero con el equipo, después uno con el otro. Repentinamente cayeron en la cuenta de que algo iba mal. Hicieron una pausa, oraron y volvieron al trabajo. Las dificultades se desvanecieron y fueron capaces de terminar el proyecto con éxito.

¿Se preocupa Dios realmente de que un trabajo de vídeo salga bien? ¿Le importa esto al enemigo? Ambas partes se interesan si hemos sometido nuestro trabajo a Dios. Nuestro trabajo pasa a ser su trabajo, y Dios se ocupa de nuestros asuntos como si fueran de él. Y como el enemigo trabaja en contra de Dios y de su pueblo, él también estará ocupado, procurando destruir la obra.

Más adelante, David sintió que debía asistir a dos cursos de la Universidad de las Naciones (uno de teología en Honolulu y otro de liderazgo en Chile). No parecía tener mucha lógica porque Producciones David y David acababa de pedir un préstamo al banco. Pero obedecieron al Señor y confiaron en su ayuda durante los seis meses de interrupción. Entonces David Tokios tuvo que asumir la carga de la ausencia de su socio. A pesar de ello, Dios multiplicó por diez los ingresos de la empresa.

Entréguese a la excelencia

Si lo primero que los empresarios cristianos deben saber es que son misioneros de Dios y que necesitan tener un llamado para hacer bien lo que hacen, lo segundo es darse cuenta de que el Espíritu Santo está comprometido a que alcancen la excelencia cumpliendo su cometido.

Tengo un amigo, David Aikman, que es un veterano corresponsal de la revista *Time*. David ha dirigido las oficinas de Time en Pekín, Berlín y Jerusalén. Él cree que los cristianos estadounidenses se encontraron en una encrucijada después del proceso de Scopes Monkey, en 1925. Tal vez usted haya leído algo acerca de este histórico proceso entre el estado de Tennessee, que promulgó una ley que prohibía la enseñanza del evolucionismo ateo en las escuelas públicas, y Jerome Scopes, maestro que desafió la prohibición e impartió dicha enseñanza. Los cristianos se interesaron mucho por este juicio y llenaron la sala del tribunal todos los días. Desgraciadamente, en medio de la acalorada batalla legal que se suscitó, y el fervor de una audiencia a veces irrefrenable, los cristianos abandonaron la sala con una sensación de estar en ridículo. Los evolucionistas ganaron el juicio. Pero lo peor fue la información que apareció en la prensa, la cual calificó a los cristianos defensores de la Biblia de gente ignorante, poco preparada, y que rechazaba el pensamiento «científico».

Según David Aikman, este hecho, junto con el cambio de pensamiento en las universidades y seminarios a finales de siglo, obligó a los cristianos a adoptar una postura defensiva. Hasta entonces, los cristianos habían ocupado puestos de influencia en la educación, el gobierno, las empresas y las artes. Pero a partir de entonces, según Aikman, muchos cristianos se retiraron simplemente de la competencia. Comenzaron a aceptar la mediocridad, a sospechar de la educación, y a considerarse inferiores.

¿Es esto una exageración? ¿Qué sucedería si su hija le dijera que entiende que Dios quiere que trabaje en el campo de las comunicaciones? ¿Podría imaginársela ocupando un puesto clave en una cadena de televisión, o como editora de uno de los periódicos de mayor tiraje? ¿Le aconsejaría usted automáticamente que buscara un empleo en la comunicación cristiana?

¿O ha dicho alguna vez cosas como: «Bueno, para ser una novela (o película) cristiana, está francamente bien»? Con esto no quiero rebajar las comunicaciones cristianas, pero muchos jóvenes optan por conseguir empleos en medios «seguros» y así evitar inconscientemente la dura competencia que hay en el mundo.

Yo estoy de acuerdo con mi amigo David Aikman. Es necesario recuperar el liderazgo que se abdicó. Si vivimos en un «ghetto cristiano», puede que hayamos contribuido a erigir sus muros. Requerirá esfuerzo y dedicación, pero los cristianos deben ser capaces de triunfar en cualquier campo al que Dios les llame. Siempre que nos entreguemos a Dios, y apliquemos los dones que él nos ha concedido, Dios añadirá su parte a nuestro esfuerzo. Esto es lo que quiere decir Isaías 48:17 al afirmar: «Yo soy el Señor Dios tuyo, que te enseña provechosamente».

Integridad

Hay muchos principios bíblicos que pueden transferirse directamente al mundo de los negocios. Uno de los más importantes es la integridad. La Palabra de Dios asegura que él abomina el peso falso (Prov. 11:1). Las balanzas son instrumentos utilizados por los mercaderes. Los cristianos que caminan en integridad se distinguirán en sus negocios por su servicio al Señor. La forma de llevar a cabo su trabajo y de cumplir con sus obligaciones, así como la calidad de sus productos, provocarán un impacto en la sociedad. Porque serán una bendición.

El principio de la multiplicación

El Señor añade crecimiento a todos los empeños saludables. Este es el principio bíblico de la multiplicación en funcionamiento. El crecimiento es la consecuencia natural de andar en pos de Jesús y de usar honestamente los dones que él ha concedido.

En Génesis 1, Dios dijo que el hombre debía fructificar y multiplicarse «según su propia especie». Esta es la clave: ¿Es nocivo o beneficioso el que su esfuerzo sea multiplicado «según su especie»? Algunas personas sólo multiplican el caos. Pero si usted edifica su empresa fundado en la Palabra de Dios —si tiene un motivo y un método cristiano—, podrá ser un prototipo para duplicar en todo el mundo, y acarreará bendición a muchos. Y ¿qué es tener un motivo cristiano en los negocios? Toda empresa debería tener un núcleo de personas que amen a Dios de todo corazón, personas que deseen glorificar a Cristo y servir a los demás de alguna manera.

El servicio a Dios y a los hombres

Otra consideración importante para lograr el éxito es el principio del servicio. Jesús nos llamó a ser siervos. Esta es una parte vital de la vida cristiana, ya se trate de un ministerio de tiempo completo o de una jornada laboral de 8 a.m. a 5 p.m.

Un poderoso fabricante de muebles de oficina aprendió recientemente este principio, enseñado por Jesús a sus discípulos (sin embargo, desconozco si la empresa reconoció el origen cristiano del mismo). Por bastantes años, esta organización había sufrido recortes en su cuota de mercado, caídas de beneficios, creciente insatisfacción de su clientela y problemas de distinta índole. Todos los años la dirección trataba de sanear la empresa estableciendo objetivos claros y animando a sus empleados a esforzarse más. Pero nada parecía dar resultado.

Por fin dieron con un nuevo enfoque. Invirtieron una gran suma de dinero y tres años en reciclar a todos los empleados, desde los que ocupaban cargos directivos hasta el último de sus ochenta mil trabajadores. ¿Y en qué consistió su reforma revolucionaria? En dos palabras, cada uno de ellos debía determinar *a quién le estaba sirviendo*. Todos se preguntaron: «¿Quién es mi cliente? ¿A quién sirvo yo?»

Fue fácil para el departamento de ventas pensar en términos de clientela. Pero ¿quiénes eran los clientes de las secretarias, de los gerentes intermedios o de los ejecutivos? Se puede decir que toda persona que forma parte de una empresa acepta tareas que alguien le encomienda, añade un valor y lo pasa a otra persona. Algunos departamentos tuvieron que pasar semanas e incluso meses para identificar a sus clientes, no siempre era obvio.

Luego, siguiendo un proceso formalizado, comenzaron a preguntarse: «¿Qué es lo que necesita mi cliente? Después de responder a esta pregunta se hizo un esfuerzo sistemático para determinar cómo satisfacer mejor sus necesidades. por último, fue necesario obtener la retroalimentación del cliente para cerciorarse de que verdaderamente sus necesidades estaban siendo satisfechas. Al cabo de algunos años la corporación logró aumentar su eficacia, redujo costos, mejoró la calidad de sus productos, su producción, y pudo satisfacer mejor a su clientela. Pero el intrépido concepto del cambio puede resumir brevemente diciendo: «El que quiera hacerse grande entre vosotros será vuestro servidor» (Mat. 20:26).

Si usted tiene el mismo deseo que tuvo Jesús de servir a los demás, será siempre justo con sus empleados. No se entregará a ninguna práctica empresarial que obligue a sus empleados a anteponer compromisos de trabajo a prioridades establecidas por Dios, como el cuidado de la familia. La filosofía de amar a las personas y usar las cosas, no amar las cosas y usar a las personas, fluirá naturalmente hacia todos aquellos que trabajan bajo su tutela.

Un día de siete

Otro principio importante para todos los cristianos, incluidos los que se sujetan a jornada laboral de ocho de la mañana a cinco de la tarde, está declarado en el cuarto mandamiento: la santificación del sábado.

Muchos cristianos se ponen nerviosos cuando se trae a colación este tópico. Ellos experimentaron una educación estricta, henchida de legalismo. Es cierto que algunos cristianos han llegado incluso tan lejos como los fariseos y han acabado con el gozo del sábado. Cierta persona recordó que su tía abuela exhortó a una niña que bordaba en domingo: «Estás quebrantando el sábado. ¡En la eternidad tendrás que deshacer esos puntos con la nariz!»

No obstante, Dios concibió el sábado. Sus preceptos tienen mucho que decir a una generación en la que hasta los jóvenes sufren estrés. El sábado (dejar de lado el trabajo por un día), es una entrega constante a poner en manos de Dios el trabajo inacabado. Si pagar el diezmo y vivir por fe es confiar en Dios aunque no se disponga de suficiente dinero, la contraparte consiste en depositar en él la carga del trabajo. Todos nosotros contamos con dos recursos preciosos: el tiempo y el dinero. No solemos tener dinero para hacer lo que Dios nos guía a hacer y constantemente andamos escasos de tiempo para completar nuestra labor. ¿Qué hace usted cuando tiene demasiado trabajo que hacer en poco tiempo? ¿Trabaja cada vez más, quema el aceite de medianoche, trabaja todos los días de la semana, sacrifica familia, amigos, actividades de iglesia, ejercicio físico, y esquiva todo con el único propósito de sacar el trabajo adelante?

El descanso del sábado es más que no cortar el césped en domingo. Puede ser que cortar el césped resulte más beneficioso y relajante; una pausa necesaria para aliviar las presiones que ha de sortear en el trabajo. El descanso del sábado es tan importante que Dios lo incluyó en los diez mandamientos.

Yo estoy en deuda con Fraser Haug, que es miembro del personal de JUCUM en Kona, por sus puntos de vista sobre el descanso sabático.

1. El Señor fue el primero que observó el sábado. Él podría haber seguido creando más especies, más plantas, más galaxias. Pero cesó y dijo: «Ya basta».
2. Otro sábado que se observaba en Israel era el *barbecho*, o descanso de la tierra después de seis años de cultivo. Esto creaba un riesgo económico, e incluso un riesgo para la supervivencia de la gente. Al no proveer para sí mismos con el trabajo de sus manos, tenían que depender de Dios en mucha mayor medida.

3. Siempre habrá más trabajo que el que se puede realizar en el tiempo de que se dispone. Si nos dejamos guiar por Dios diariamente, y hacemos lo que él nos muestra, en su orden de prioridad, entonces él se hará responsable de lo que nosotros no podamos hacer. Ese es el espíritu del sábado, comunión y confianza en el Creador.

La clave para el descanso sabático es la obediencia. Es como adiestrar a un perro para que recoja cosas. Como arrojar un palo seis veces y decirle: «Ve a buscarlo». Si el séptimo día le arrojo el palo y le digo: «Siéntate», será una mayor prueba de su obediencia. Por tanto, tenemos que aprender a «sentarnos», o descansar y confiar que Dios va a completar el trabajo que él ha comenzado. Hay muchas otras cosas que tienen que ver con la observancia del sábado. Por ejemplo, la reflexión, la evaluación, la celebración, la santificación, el descanso y el refrigerio. Dios nos ha diseñado de tal forma que si quebrantamos la ley del sábado ella nos quebrantará a nosotros. Pero no creo que sea necesario ser intransigentes en relación a qué día de la semana podría sustituir al sábado. Después de todo, nuestro calendario actual no fue inspirado como la Biblia. Fue concebido mediante acuerdo en el siglo dieciséis y presenta defectos que han de ser corregidos en los años bisiestos.

Ciertamente, los predicadores no disfrutan del sábado ni del domingo. Para ellos es un duro día de trabajo. También son necesarios los trabajos de la policía, los bomberos y muchos otros servicios el domingo. Pero los que tienen que trabajar los domingos también necesitan observar el precepto divino del descanso sabático. Todos debemos descansar un día de siete.

Durante la Segunda Guerra Mundial, debido a la necesidad de material de guerra, el gobierno de los Estados Unidos pidió a las fábricas que exigieran a sus empleados trabajar siete días a la semana, y firmaron varios contratos con empresas para la construcción de barcos. Una de aquellas empresas, Correct Craft, era propiedad de Walter O. Mellon. Mellon era cristiano y rehusó obligar a sus empleados a trabajar siete días a la semana.

El gobierno respondió amenazando con rescindir su contrato, pero él les persuadió para que le dieran un poco de tiempo. Les garantizó que su empresa se las arreglaría para sacar adelante sus cuotas de producción, aun cuando sus competidores exigieran a sus empleados trabajar los siete días de la semana. Después de un tiempo resultó obvio: el cristiano y su empresa fueron capaces de producir más que la competencia, aunque sólo trabajaran seis días a la semana.

Qué hacer si la riqueza llama a la puerta

Otro principio importante que siempre deben recordar todos los empresarios cristianos es que Dios es quien da la capacidad de hacer riquezas. Esto puede parecer obvio, pero ¡cuán rápidamente nos olvidamos de ello! Si a lo largo de su vida laboral usted prospera, recuerde las advertencias bíblicas a los ricos:

> *No digas en tu corazón: Mi poder y la fuerza de mi brazo me han traído esta riqueza. Sino acuérdate del Señor tu Dios, porque él te da el poder para hacer las riquezas (Deut. 8:17-18).*

Y,

> *Si se aumentan las riquezas, no pongáis el corazón en ellas (Sal. 62:10).*

Pablo dijo a Timoteo que advirtiera a los empresarios de su tiempo que no fueran altivos ni pusieran su esperanza en la incertidumbre de las riquezas, sino en el Dios vivo. También les dijo que hicieran bien, que fueran ricos en buenas obras y generosos (1 Tim. 6:17-19).

Todos los cristianos deben ser generosos y dar, pero Dios ha concedido a algunas personas un talento especial para hacer dinero y poder así aportar más para la obra del Señor. Podríamos calificarlos de «empresarios del Espíritu Santo». Pablo dijo que estas personas tienen el don de ayudar (1 Cor. 12:29), o el don de dar (Rom. 12:8). Una de las muchas formas en que Dios provee es dando a tales personas ideas para ganar dinero. Algunos rehuyen la idea de que haya cristianos ricos porque creen que la riqueza es peligrosa. Piensan que un hombre rico es la causa de que otro sea pobre. Pero yo creo que las ideas son el único límite que conoce la riqueza. El control de los recursos naturales solía ser garantía de riqueza para una nación, pero esto es contradicho por Japón, Singapur, Hong Kong y Corea del Sur. Estos países cuentan con escasos recursos naturales y, a pesar de ello, han prosperado en el manejo del dinero. Fíjese en la invención de los diminutos microchips —hechos a partir de arena—, que tanto han significado para la creación de riqueza en nuestros días.[1]

Si Dios es quien da la capacidad para hacer dinero, el cristiano debe ser cauto y preguntarle cómo usarlo. No debe echar de mala gana propinas para Dios en el plato de las ofrendas. Al contrario, ha de tener una actitud como la del empresario LeTourneau, que acabó «diezmando» el noventa por ciento de su riqueza. Él comentó: «No se trata de cuánto dinero doy yo a Dios, sino cuánto me guardo del suyo». Cuando Dios nos bendice y uno halla que tiene más dinero del que necesita, es conveniente buscar su dirección. Pregunte a Dios:

- ¿Qué debo de hacer con el dinero que me sobra?
- ¿Hay alguien a quien yo debería dar?
- ¿Debo apartarlo y esperar que él me muestre cómo invertirlo en su reino?

Otra razón que hay para ser generosos es que la gente se mueve en un mundo dominado por el Rey de *Tiro*. Como ya vimos en un capítulo anterior, el propio Satanás está fuertemente implicado en la esfera del comercio. Quizás sea ésta la esfera de mayor actividad. Jesús vino también para redimir el comercio y el mercado. Si uno da generosamente para la gloria de Dios, especialmente para las misiones que no proporcionan un beneficio directo, estará destruyendo las obras del diablo en el mundo.

Hará retroceder al Rey de Tiro y a la codicia desenfrenada que actúa movida por un espíritu opuesto al de la generosidad.

Dios está buscando canales limpios, fiables, para bendecir a otros por medio de sus dádivas. Pero si se les pegan éstas a los dedos, él puede detener el flujo.

Una nueva especie de misionero

Es necesario contemplar la empresa desde una nueva perspectiva. Se necesitan personas que busquen a Dios y cumplan su voluntad en sus jornadas laborales de 8 a 5. Personas que presten una lealtad prioritaria a Dios y a su reino, que vean sus empleos como parte de la tarea global de extender el señorío de Cristo por toda la tierra.

Hace poco me topé con una de esas personas. No puedo dar el nombre porque su situación es delicada. Pero él sintió su llamado a la misión y se fue a un país en donde hay muchas restricciones para la predicación del Evangelio. Allí fundó una planta de componentes electrónicos. En pocos años la empresa creció y ha podido dar empleo a varios centenares de trabajadores. Este hombre permitió que Dios inspirara su imaginación e inventó varios aparatos electrónicos singulares. Por ejemplo, me enseñó una cosa un poco más gruesa que una tarjeta de crédito. Un folleto con un mensaje evangélico de treinta minutos grabado en un *microchip*, que no precisa de ninguna máquina para escucharlo. Otro invento es un radio transistor accionado por la luz solar, el cual está presintonizado para registrar una única emisora, una emisora cristiana que retransmite en esa región predominantemente no cristiana. No todos sus inventos tienen por objeto la evangelización, por supuesto, pero los que he mencionado me llamaron particularmente la atención.

También se le ocurrió la idea de alternar el trabajo de cristianos con no cristianos en sus cadenas de montaje, para facilitar el testimonio de los creyentes durante la jornada laboral.

¿Es mi amigo misionero? No en el sentido tradicional; no fue enviado por una junta misionera, con un casco y una gran

Biblia. Pero en todo lo demás sí. Necesitamos miles como él que se atrevan a someterse a Dios y le permitan cuidar de sus negocios.

NOTA

1. Véase «La creación de la riqueza y el alivio de la pobreza» en el apéndice.

CAPÍTULO 10

Cómo dar

¿Le ha sucedido alguna vez tener que esperar en su auto, ante un cruce, en el carril contiguo a la acera? En la acera se encuentra una familia andrajosa: una mujer, un hombre y un niño. Y el hombre sostiene en alto una pancarta: «Trabajo a cambio de comida». ¿Qué hace usted?

Se va a casa, se desploma sobre una silla y se pone a ojear el correo. Un montón de facturas, algunos folletos publicitarios y dos cartas de noticias. Una es ingeniosa y está bien hecha. Han subrayado pasajes importantes; al examinarlos más de cerca comprueba que el texto está impreso. La otra carta de noticias es un aerograma aprovechado hasta el último centímetro cuadrado. Ambas cartas solicitan dinero para ayudar a una causa justa, como la compra de Biblias para distribuir en Rusia, o alimentar a víctimas de la hambruna en el norte de África. Entonces echa un vistazo a una revista. En su interior, invariablemente, aparece una niña pequeña de color tostado con ojos muy grandes. «Por el precio del café matutino —proclama uno de sus anuncios— podría alimentarla». ¿Cómo responde usted a todo esto?

Algunos se endurecen a todas las peticiones de socorro. Se aíslan de los que no tienen techo, y se excusan diciendo que si realmente éstos quisieran trabajar, encontrarían trabajo. Sólo hace falta un esfuerzo de voluntad para olvidar el rostro del hombre con su pancarta. Quédese sentado en el auto y mire hacia delante. ¿Cuándo cambiará el semáforo? Busque otra emisora. O si no, compruebe que el interruptor de cierre automático de la puerta trasera está en una posición correcta.

Cuando uno es bombardeado continuamente por las necesidades de otros, se va endureciendo en su corazón, o se siente muy abrumado. Aunque limite sus donativos a la iglesia, se le presentarán más necesidades de las que puede atender. ¿Cómo podrá uno conservar la sensibilidad ante la necesidad, y al mismo tiempo estar abierto al Señor para dar con generosidad?

La dádiva guiada por el Espíritu

La única forma de conservarse sano, solvente y tierno de corazón es pedir a Dios que me dé la dirección divina para usar el dinero. El primer paso para aprender a dar es pedirle a Dios sabiduría. Él promete que sus ovejas oirán su voz. Tome esta decisión ahora mismo y pregunte a Dios, cuándo debe dar y cuánto. Si él le dice que no dé, podrá confiar en que él satisfará la necesidad de alguna otra forma.

A veces el no dar puede ser una verdadera prueba de obediencia. Don Price era responsable de un pequeño equipo que trabajaba en Zimbabwe (por aquel entonces Rhodesia) en la década de los setenta.

Un noruego rubio y larguirucho, Bjorn Skjellbotten, era uno de los integrantes del equipo. Un día, a primeros de diciembre, Bjorn pidió a Don que orara con él. Bjorn había estado trabajando como misionero de temporada en África por un año, pero tenía que regresar a Noruega para cumplir el servicio militar.

—Don, quiero que ores conmigo para discernir el tiempo adecuado. Sé que debo volver a casa, pero ignoro cuando quiere Dios que yo vuelva.

Don se inclinó y oró con Bjorn. Después de orar, Don sugirió a Bjorn que tal vez podría partir a fines de año, por ejemplo el 31 de diciembre. Había un grupo de estudiantes que tomaría un vuelo barato de LuxAir con dirección a la escuela de JUCUM en Suiza.

Podría viajar con ellos hasta Luxemburgo y luego seguir rumbo a Noruega. Bjorn sintió que esto era correcto y Don pronto se olvidó del tema, ya que estaba totalmente inmerso en las actividades diarias del equipo. El día antes de la partida del grupo Bjorn se acercó a Don.

—¿Crees todavía que es la voluntad de Dios que me vaya mañana? —preguntó.

—Sí —respondió Don, rebuscando en su memoria y recordando el día que habían orado juntos—. Yo creo que Dios nos señaló ese día, ¿no te parece?

—Bueno sí—; dijo el joven y a continuación guardó silencio.

—¿Qué es lo que pasa?

—Pues... no tengo el dinero. Pensé que si Dios me indicaba que me marchara, así como el momento preciso, él me proveería dinero para viajar. Necesito doscientos *rands* para comprar el pasaje. He intentado hacer la reserva y me han puesto en lista de espera, pero sigo sin el dinero.

Don movió la cabeza tratando de digerir la sorpresa. ¿Cómo pudo Don haber asumido que por ser Bjorn de un país rico como Noruega, tendría dinero para volver a casa? Faltaban menos de veinticuatro horas para la salida del vuelo.

—Vamos a preguntar a Dios y ver si le oímos bien —sugirió Don. Ambos oraron y esperaron en silencio.

—Yo sigo creyendo que me marcharé mañana —dijo Bjorn, por fin.

Don tuvo la misma impresión, aunque hubiera deseado no tenerla. Una semana más podría suponer una gran diferencia. Tendría que hablar con algunos amigos cristianos para ver cómo ayudar a Bjorn... o hacer algo al respecto.

Pero sólo disponían de veinticuatro horas. El Señor tendría que proveer de algún modo los doscientos rands antes del amanecer. «Confiaré en Dios contigo —dijo Don, añadiendo confianza a su voz—. Te veré en el aeropuerto el día de mañana». Don llegó tarde porque estuvo muy ocupado con detalles de última hora, ayudando al grupo que partía para Suiza. Cuando entró en la terminal aérea divisó la cabeza rubia de Bjorn que se destacaba entre la gente. Se le acercó; su abultada mochila reposaba en el suelo.

—Bueno Bjorn, ¿llegó el dinero? —le preguntó Don—. El joven meneó la cabeza y apenas pudo esbozar una ligera sonrisa.

—No, pero supongo que el Señor puede aún dármelo en los próximos minutos, ¿no te parece?

Don se dio prisa en llegar al mostrador de facturación para ayudar a los otros, que charlaban, reían y arrastraban sus pesadas maletas. Hacía un esfuerzo por disimular su preocupación, la cual rápidamente se fue tornando en pánico. Este joven confiaba que Dios le iba a ayudar a salir del aprieto. Con seguridad, Don creyó que alguien asumiría el deber de ayudar a Bjorn, o que recibiría un donativo inesperado por correo, pero nada de eso ocurrió. El avión partiría en unos minutos. ¿Cómo podría explicárselo? Él sería responsable de que este joven creyente viera aplastada su fe en la guía y provisión de Dios.

Don encontró un asiento en la zona de espera y se puso a vaciar sus bolsillos. Después sacó también las monedas y las contó despacio, para ver si acontecía un milagro y sumaba bastante para ayudarle. Tenía menos de veinte rands. Entonces llamó a su esposa y a su secretaria, les explicó la situación y les preguntó cuánto tenían. Las dos Buscaron en sus bolsos y encontraron unos cuantos rands y algunos céntimos. El grupo ya hacía fila para pasar por el control de pasaportes. Algunos ya habían pasado a la zona de acceso restringido.

—¡Don!, ¡Don!

Alguien le llamó por su nombre por encima de las cabezas del animoso grupo que se agolpaba ante la puerta de embarque. Era Mike Killen que viajaba a Suiza para cursar estudios. «Esto es para tu ministerio aquí —gritó Mike. Don sonrió abiertamente al ver a Mike, casi al frente del grupo, con un sobre en la mano. Mike lo pasó hacia atrás antes de penetrar en la zona interior del aeropuerto. Los Jucumeros lo fueron pasando de mano en mano hasta llegar a Don. «*¡Señor, has esperado bastante en esta ocasión!*» —pensó mientras abría el sobre. Encontró un fajo de billetes. Lo contó y vio que era casi suficiente para pagar el pasaje de Bjorn.

Entonces Don oyó la voz de Dios mentalmente, de manera muy clara: «*Este dinero no es para él*». Y se vino abajo. Don tornó los ojos hacia donde estaba Bjorn, de pie, mirando distraídamente por una ventana. La fila de pasajeros se estaba terminando. «Al menos él no ha visto el sobre —pensó Don, abatido. Y de pronto: «*Está bien, Señor, no se lo daré. ¡Pero, por favor, haz algo pronto!*»

En ese preciso instante una joven llamada Thelma Broodryck se acercó a Don. Era una voluntaria que había llegado recientemente para trabajar con ellos en Rhodesia. Había ido al aeropuerto a despedirse de unas amigas que iban a Suiza. Thelma dijo: «Don, tengo aquí doscientos rands en cheques de viajes. Los traje por si surgía alguna eventualidad. Pero creo que el Señor me está diciendo que se los dé a ese chico noruego para que viaje a casa».

Don contuvo la respiración. «¡Gloria a Dios!»... masculló unas gracias muy apresuradas, y corrieron con los cheques de viajes a la oficina de cambio. Cuando volvieron, el grupo ya había desaparecido. Bjorn estaba de pie, hablando con Cecilia la esposa de Don, y con otra amiga. Antes que Don llegara donde estaba Bjorn, vio que un agente de la compañía aérea se dirigía a él: «Señor Skjellboten, se ha producido una cancelación en este vuelo. Puede comprar su tiquete ahora». Bjorn levantó su mochila y se acercó al agente. Don se dio prisa en llegar hasta el joven, y lo alcanzó justo cuando el agente le pedía el dinero. Antes que Bjorn sacara el poco dinero que tenía, Don intervino: «Aquí tiene, señor». Y adelantó los billetes al empleado. Apenas tuvo tiempo de explicar a Bjorn lo que había sucedido. Bjorn le abrazó, se echó su equipaje a la espalda y se dirigió hacia el control de pasaportes.

Dar sin restricciones

El segundo paso para aprender a dar es sacrificar el derecho al dinero. Muchos confunden la buena mayordomía con el deseo de controlar el dinero diciendo cómo debe usarse. Inconscientemente, desean controlar a la persona o al ministerio que recibe su donación. Aunque se puede decir el fin al que van destinados los fondos, no se debe manipular a eventos ni personas a través del dinero. Si usted obedece a Dios y da a quien él le guíe, también tendrá confianza en que Dios mostrará al receptor cómo usar el dinero.

La tercera cosa que hay que aprender parece casi una contradicción a lo que acabo de decir, pero es importante descubrir cómo hay que gastar el dinero. La responsabilidad por el dinero entregado para la obra del Señor es bíblica, es sana y en parte recae sobre usted. Descubra qué parte de su donación va destinada al ministerio deseado, y cuánto se gasta en administración y gastos generales, e incluso cuánto dinero se dedica a recaudar más dinero. Todo el mundo es distinto en cuanto se refiere a dar dinero a la iglesia. A algunos les gusta dar a las personas, mientras que a otros les gusta financiar proyectos que tienen un principio y un fin. Algunos prefieren dar a ministerios de ayuda humanitaria; otros quieren que sus donaciones sirvan a la evangelización, mientras que a otros les gusta contribuir a ministerios de formación o de comunicación.

Estas preferencias no son equivocadas, pero todos debemos estar abiertos al Espíritu Santo y a su dirección. En mi opinión, lo más natural es que las personas den a las personas, y que las iglesias den a proyectos que tienen un principio y un fin. Juventud con una Misión ha sido cabo receptor y dador de otro fenómeno: organizaciones cristianas que dan a otras organizaciones cristianas. En mi libro *Cómo triunfar con Jesús*[1], relaté una experiencia dolorosa y humillante durante nuestro primer intento de compra de un gran barco para dedicarlo al ministerio evangelístico mundial. Dios nos inspiró a dar 130.000 dólares a Operación Movilización, para un barco que ellos trataban de adquirir. Luego, para sorpresa nuestra, el Señor guió a otras organizaciones como Last Days Ministries, Club 700, 100 Huntley Street, Billy Graham Evangelistic Association y David Wilkerson Youth Crusades, a darnos dinero de sus propios ministerios, donándonos importantes sumas que nos ayudaron a adquirir nuestro primer barco de socorro, la motonave Anastasis.

Todas estas dádivas resaltaron la necesidad que teníamos del resto del Cuerpo de Cristo. Si hubiéramos creído que éramos especiales —que JUCUM era «mejor» que otras organizaciones misioneras—, las dádivas de estos grupos hubieran acallado nuestro orgullo.

Capte la perspectiva de Dios

Cuando dé, evite la tendencia a dejar algunas necesidades ocultas a la vista y a la mente. Todos sentimos un mayor interés por ayudar a nuestra familia, a los vecinos, y a nuestro propio país. Pero el Dios de toda la tierra está siempre intentando levantarnos por encima de nuestro pequeño mundo. Su preocupación y ternura de corazón no se detienen en las afueras de nuestra ciudad o en las fronteras nacionales. Consiga un buen atlas, si aún no lo tiene, y examínelo. Lea las secciónes internacionales de las revistas. Cultívese un poco en geografía. Descubra las necesidades que hay ahora en todo el mundo, y en la medida en que Dios le guíe, dé su ayuda al mundo entero.

No borre automáticamente el *correo basura*. Es más, he dejado de utilizar este término cuando se trata de boletines cristianos. No es basura lo que me informa de lo que Dios está haciendo a través de sus siervos en otros campos de su cosecha. En tanto en cuanto sea posible, debo examinarlos —o pasárselos a otros que puedan hacerlo— y permanecer abierto a la información que viene del Señor.

Cómo recoger una ofrenda

Esta es probablemente la parte del culto más informal, la menos planificada, por la manera como se lleva a efecto en la mayoría de las iglesias. Los predicadores acuden a seminarios o institutos bíblicos para aprender a impartir buenos sermones basados en la Palabra de Dios. Dedican una buena porción de la semana al estudio. Los músicos y los líderes de adoración pasan también algunos años desarrollando su destrezas, e invierten varias horas a la semana para preparar la adoración dominical. Pero, ¿dónde va la gente para aprender a recoger ofrendas, y cuánto tiempo emplea en orar para conocer cómo debe recogerse la ofrenda? El momento de la ofrenda se usa normalmente para escuchar una música suave que mantenga ocupada la mente de los fieles mientras se pasa la bandeja por los pasillos.

Sin embargo, la Biblia tiene mucho que decir acerca de las ofrendas. A decir verdad, contiene 356 referencias. El tipo de ofrendas recogidas en la Biblia se enmarcaban en medio de grandes celebraciones religiosas, ceremoniosas y llenas de entusiasmo. El líder pasaba antes un tiempo de oración con Dios, y obtenía su dirección; después retaba al pueblo a ser generoso.

Las ofrendas bíblicas no estaban emparedadas entre otras partes más «espirituales» del culto a Dios. Eran ofrendas profundamente espirituales y con frecuencia, marcadas por un abandono gozoso de lo que se entregaba al culto del Señor. Por ejemplo, lea en Éxodo 25 acerca de la ofrenda recogida para la construcción del primer tabernáculo. Note que aquellos cuyos corazones estaban dispuestos a dar, fueron informados de lo que se necesitaba en el templo. Y cada necesidad fue claramente definida. Se solicitaron cantidades específicas de oro, plata, bronce, aceite, especias, joyas y materiales púrpura y escarlata, y se pidió al pueblo que ofrendara todas estas cosas.

Moisés también solicitó trabajadores calificados para que donaran su trabajo (Éx. 35:10). Éxodo 35 da cuenta de una gran afluencia de donaciones y de trabajo especializado. Nótese la gran diferencia que hay con respecto a la mayoría de las ofrendas actuales. Ahora se ofrenda casi exclusivamente en dinero. Los israelitas no podrían haber usado un recipiente del tamaño de un plato, ó una bolsa de tela como nosotros hacemos en nuestras iglesias (leí una vez que la ofrenda es considerablemente inferior cuando se utiliza la bolsa de tela). El pueblo de Israel tenía que arrastrar sus ofrendas en carretas tiradas por bueyes, y hacer grandes montones delante del templo del Señor. La ofrenda se prolongaba por varios días, según relata Éxodo 36:3, hasta que los líderes tenían que pedir a la gente que dejaran de traer ofrendas. Había más que suficiente para realizar la obra del Señor.

¿Ha visto usted esto alguna vez en su iglesia? Yo nunca he visto un flujo tan abundante de amor a Dios que se haya tenido que frenar la generosidad del pueblo. No obstante, sí he visto generosas dádivas y he aprendido algo de los caminos de Dios para animar a la gente a dar con libertad.

Los líderes de la iglesia deben dar sacrificadamente

Todo debe comenzar con el responsable ó líder, con su disposición a escuchar la dirección de Dios respecto a las ofrendas, y su obediencia para declararla al pueblo. No estoy diciendo que todos los domingos deba recogerse una ofrenda tan grande, como en el ejemplo del liderazgo de Moisés. Pero hay ocasiones en las que el *dar* es una *aventura*, y Dios dirige a un grupo a asumir un gran desafío de fe. En tales ocasiones, los líderes responsables deben oír la voz de Dios y dar ejemplo, haciendo un *sacrificio* más allá de lo normal.

Como ya mencioné en un capítulo anterior, hace algunos años el Señor guió a JUCUM a comprar un castillo en Hurlach, Alemania. Durante la campaña de los juegos olímpicos de Munich se alojaron en el castillo un millar de obreros. Después de la campaña, un centenar de miembros y misioneros en formación permaneció en el castillo, que fue acabado de pagar en plazos de bastante monta. Una vez tuvimos que hacer frente a uno de esos vencimientos y teníamos poco dinero en nuestras cuentas. No obstante, necesitábamos unos 200.000 marcos alemanes —unos 120.000 dólares— en el lapso de dos meses. Convoqué a un grupo de responsables en el castillo. Seis personas nos reunimos en el pequeño apartamento de David y Carol Boyd, contiguo al castillo. Nos sentamos alrededor de la mesa de la cocina y le pedimos a Dios que nos mostrara cómo quería responder a esta necesidad. Entonces confiamos en la guía de Dios y yo oí que él me inspiraba: «*Da todo lo que tienes y yo añadiré diez veces más a través del personal y los alumnos mañana. Luego enviaré diez veces la suma total por canales externos a JUCUM*».

Conté al grupo lo que pensé que era la guía de Dios, y ellos estuvieron de acuerdo conmigo. Alguien manifestó que Dios quería que diéramos de manera sacrificada y que experimentáramos un gran gozo. John Babcock, encargado del mantenimiento de vehículos por aquel entonces, asintió diciendo: «Como líderes, debemos dar ejemplo. Mi esposa y yo hemos estado ahorrando todo este año para ir a los Estados Unidos a la ceremonia de graduación de nuestros hijos. Ahora creemos que debemos dar esta cantidad para la compra del castillo». Luego puso un cheque de varios cientos de dólares sobre la mesa. El resto de nosotros hicimos lo mismo hasta que hubo aproximadamente mil doscientos dólares sobre la mesa, en efectivo y en promesas de fe.

Al día siguiente presentamos al personal y a los alumnos la necesidad. Pero no les manifestamos lo que Dios nos había mostrado a los responsables (que nuestras ofrendas debían sumar la décima parte de las suyas). Yo pedí al grupo de cien jóvenes que guardaran silencio delante de Dios y le preguntaran si debían dar y cuánto debían dar. Después de esperar en silencio empezaron a ofrendar. Cuando se contó todo el dinero y los cheques —incluidos los relojes y las cámaras— la ofrenda ascendió a una suma diez veces mayor de lo que los líderes habíamos ofrendado la noche anterior. Durante varios días recibimos ofrendas en dinero y en especie de otros cristianos, mayormente de Alemania. Con estos donativos inesperados se consiguió la multiplicación por diez, y pudimos hacer frente al pago total de la deuda.

A partir de aquella ocasión he visto que Dios exige a los líderes el diez por ciento de lo que será luego añadido por el grupo más grande. No siempre ha sido exactamente el diez por ciento, pero los líderes hemos tenido siempre que ejercer una fe más agresiva. Los líderes marcan la pauta. Cuanto más sacrificadamente den los líderes, más darán sus seguidores, aunque éstos desconozcan lo que han hecho aquellos. El Espíritu Santo sabe lo que ellos han hecho y mueve al pueblo conforme a su obediencia. Jueces 5:2 dice: «Por haberse puesto al frente los caudillos en Israel, por haberse ofrecido voluntariamente el pueblo...», es decir, los líderes de Israel dirigieron valientemente y el pueblo les siguió de buena gana. La inspiración que causa la fe de un responsable se multiplica en la gente a través de la obra del Espíritu Santo.

El rey David tomó la iniciativa en otra importante ofrenda registrada en el Antiguo Testamento. Estaban recogiendo dinero y materiales para la construcción del gran templo. El capítulo 29 de 1 de Crónicas nos refiere en primer lugar lo que David dio personalmente en especie: oro, plata, bronce, hierro, madera, ónice, y joyas; luego enumera las cosas que entregó el pueblo, emulando a su sacrificado líder.

Una ofrenda de madera

A veces el Señor dirige a hacer ofrendas especiales —que captan la imaginación del pueblo. Cuando yo era niño, mi padre metió un Jeep hasta la tribuna de nuestra iglesia y pidió a la gente que lo comprara para donarlo a un misionero en África. La cosa fue bastante complicada. Mi padre tuvo que desmontar temporalmente un tabique que separaba el auditorio de un salón de reuniones, sólo para proporcionar una experiencia rotunda a nuestra iglesia. Pero contemplar aquel robusto jeep e imaginármelo con mi mentalidad infantil por las junglas de África, me causó una gran impresión. Tanta, que entregué todo el dinero que tenía ahorrado para comprarme mi primer auto. Y muchos años después tuve el privilegio de subirme a aquel mismo jeep, en África Occidental, cuando realice un viaje a Benin. Al imitar el ejemplo de mi padre y seguir los impulsos de Dios, he podido dirigir ofrendas poco acostumbradas entre nuestros obreros de JUCUM.

Una vez compramos unos enormes maderos para la construcción de la universidad de misiones en Hawai. Teníamos un gran montón de maderos, aún sin pagar, depositado en el recinto universitario. Nuestra gente oró. Luego, según sintió cada uno, escogieron uno o más maderos, y escribieron sus iniciales sobre los que iban a pagar (incluso escribieron promesas bíblicas o compromisos con Dios en los tablones). Su escritura sería después cubierta con pintura, pero sus mensajes seguirían siendo conocidos por Dios y por ellos mismos.

Más tarde leí algunos de los mensajes y me dieron ganas de llorar. Pensé que algún día los niños que escribieron sus iniciales aquella noche asistirían a la universidad para prepararse como misioneros. Imagínese un joven sentado en un aula preguntándose dónde está su madero.

La ofrenda de los panes y los peces

En otra ocasión necesitábamos 250.000 dólares para completar el edificio de ciencia y tecnología en la Universidad de las Naciones que JUCUM tiene en Hawai. Se reunieron doce de nuestros líderes y el Señor nos trajo a la mente la historia de los cinco mil que fueron alimentados con cinco panes y dos peces. Nos enfrentábamos a un imposible no muy distinto del que tuvieron que confrontar los discípulos aquel día. Sentí que Dios nos decía que debíamos responder como el niño, y llevarle nuestro almuerzo para que él lo multiplicara.

Así pues, los doce responsables oramos y preguntamos a Dios cuánto debíamos dar a título personal, creyendo que él lo multiplicaría en la ofrenda del grupo más numeroso. No obstante, esta experiencia fue distinta a la de Alemania. Muchos de nosotros no teníamos dinero que dar, por lo que hicimos promesas de fe. Alan y Fay Williams formaban parte del grupo de líderes del ministerio en Kona, y aunque no tenían dinero en ese momento, sintieron que debían confiar en Dios y dar mil dólares. Sin comentar la necesidad con nadie, oraron por ella. En las semanas siguientes recibieron por correo mil dólares de varias fuentes. El doctor Bruce Thomson, otro de nuestros líderes, sintió que Dios le impulsaba a llamar a cierta persona y a pedirle prestados dos mil dólares; así fue como Bruce pudo dar su parte. La suma total en donaciones y promesas de fe entre nuestros líderes responsables ascendió a unos veinticinco mil dólares.

Al día siguiente anunciamos a los centenares de personas, entre líderes y los alumnos, que íbamos a comer panes y peces y a recoger una gran ofrenda. Por aquel tiempo había una explanada de césped entre los edificios. A medida que fue llegando la gente les hicimos sentarse en grupos, sobre esterillas tendidas en la hierba. Les explicamos la necesidad. Se hizo un silencio sepulcral cuando les dijimos que esperábamos que Dios proveyera 250.000 dólares entre los setecientos estudiantes y miembros del personal directivo. Algunos reflejaban entusiasmo en los ojos. Luego procedí a leer en voz alta la historia en que Jesús alimentó a los cinco mil.

Al acabar la lectura y pronunciar unas palabras de explicación y exhortación, nuestros líderes comenzaron a pasar cestas con pedazos de pan francés, barritas de pescado y tazas de agua fresca. Mientras el grupo comía, todos ellos preguntaron a Dios si debían dar y cuánto debían dar. Entre tanto, nuestro grupo musical polinesio Brisa Isleña dirigió la alabanza y la adoración. Después de haber pasado los panes y los peces, los líderes hicieron de anfitriones, tomaron las cestas, y recogieron el dinero y las promesas de fe. Luego las llevaron a una oficina en donde varios contadores sumaron todo con calculadoras.

Cuando Martin Rediger, el jefe de finanzas, me mostró el primer resultado parcial, interrumpí las canciones y anuncié: «Hasta este momento se han contabilizado 1.200 dólares; la meta es 250.000. Hubo un gran silencio en el grupo sentado en el césped. Un silencio cabizbajo. Pero seguimos cantando y alabando al Señor. De vez en cuando una persona acá o allá garabateaba unos números en un trozo de papel, o se llevaba la mano al bolsillo para buscar más dinero. Cuando Martin salió con la segunda suma parcial pude anunciar que se habían recibido 6.000 dólares para el proyecto de construcción.

La comida y el servicio religioso duró unas dos horas y las sumas parciales fueron creciendo gradualmente hasta 14.000 dólares, luego 27.000, 32.000 y 47.000. Así se alcanzaron los 100.000 dólares. Para muchos no se trataba de dar lo que tenían o lo que cabía esperar que dieran. Muchos estudiantes y miembros directivos fueron movidos a dar cantidades de dinero que no tenían idea cómo iban a obtener. Como Alan y Fay Williams, que se proponían orar para conseguirlo.

Por último, a medida que el crepúsculo hawaiano se iba convirtiendo en tinieblas, una pareja de Minnesota tomó una decisión; escribieron una cantidad en un trozo de papel y lo depositaron en una de las cestas. Habían perdido a su hijo adolescente en un accidente de automóvil aquel mismo año. Éste quería servir al Señor en las islas del Pacífico, a través de la ciencia y la tecnología. Ellos resolvieron donar el terreno que sería su herencia.

El valor del terreno, cuyo precio ellos estimaron en un papel, añadido al balance que teníamos en ese momento, alcanzó el total de los 250.000 dólares que necesitábamos. Cuando llegó Martin a darnos la noticia, estallamos en un aplauso y alabamos a Dios por la forma en que él juntó la suma requerida.

La provisión de Dios está disponible en toda situación si se le obedece. Si escuchamos al Señor y hacemos lo que nos pide hacer en medio de las ofrendas, se cubrirán con creces todas las necesidades.

Echar dinero sobre una manta

Una vez yo volaba hacia Pittsburgh para dictar una conferencia. Mientras nos aproximábamos al aeropuerto, el Señor me inspiró esta idea: «Quiero que recojas una ofrenda para un nuevo canal de televisión que deseo inaugurar en esta ciudad». Esto representó una gran sorpresa para mí, ya que yo no conocía a nadie allí que quisiera crear un canal cristiano de televisión. Con todo, fue una impresión tan fuerte, que después de mi llegada les conté a mis anfitriones. Russ Bixler era presidente de la conferencia en que venía a participar.

Cuando le conté a Russ la idea que había recibido de Dios, se quedó de pie, con la boca abierta, mirándome asombrado. Por fin dijo: «Loren, pensé en abrir un canal de televisión, pero deberías comentar esto a nuestro comité, porque algunos no están convencidos de que la idea sea de Dios».

Más tarde me reuní con el grupo y ellos comprendieron que la idea debía ser de Dios. Me dijeron que podía recoger la ofrenda. Me retiré a mi habitación y le pedí a Dios que me mostrara cómo debía proceder. Él me guió a la historia de Gedeón, quien recogió una ofrenda tendiendo una prenda de vestir en el suelo, y pidiendo al pueblo que echara su oro en ella. Mencioné la donación de pendientes de oro en particular. Tomando este modelo, cogí una manta del hotel en donde se celebraba la conferencia. Expresé a los presentes lo que Dios me había mostrado, primero en el avión y después a través de la historia de Gedeón. Entonces les pedí que salieran adelante y echaran sus ofrendas sobre la manta.

Era un auditorio grande, con palcos a modo de balcones. Cuando comenzó la ofrenda, la gente empezó a desfilar hacia el escenario y a echar su dinero sobre la manta. Otros que estaban en los palcos se inclinaron sobre las barandas y arrojaron dinero. Fue un tiempo de alabanza hilarante, con cantos, regocijo y obediencia a Dios. Algunas personas echaron joyas, imitando la historia de la ofrenda de Gedeón. Pero nada nos preparó para el estremecimiento que sentimos cuando los líderes anunciaron la suma total de lo que se había echado en la manta. Ascendía a veinticinco mil dólares, que era casi la misma cantidad recogida en Jueces 8:26. El canal de televisión fue comprado entonces. A decir verdad, Russ Bixler nos ha informado que actualmente cuentan con cinco canales más.

La experiencia de Pittsburgh no fue única. Ha habido otras ofrendas similares de gran calado. Hubo una en la Conferencia Capel Bible, Inglaterra, en donde la gente echó sus ofrendas en un solo montón, y danzaron fuera de la sala de reuniones. En otra conferencia celebrada en Arrowhead Springs, California, fuimos retados a seguir el ejemplo de Hechos 4:3 y echar nuestro dinero a los «pies de los apóstoles», en este caso a los pies de los maestros bíblicos de la conferencia. Los métodos han sido diversos, pero siempre fenomenales y llenos de acción. Las ofrendas bíblicas requerían movimiento de parte de la gente. Salían al frente para dar. No permanecían pasivamente sentados esperando que el plato de la ofrenda pasara de largo.

Si vamos a ser sensibles al Espíritu Santo y a su dirección, las ofrendas representarán hitos en nuestra vida. Nuestras dádivas serán diversas, emocionantes y exuberantes. A menudo irán más allá de lo que podemos hacer sin la ayuda del Señor. Y nos serán recompensadas. Tal como promete su Palabra: *Dad y se os dará; y medida buena, apretada, remecida y rebosando darán en vuestro regazo; porque con la misma medida con que medís, os volverán a medir (Lucas 6:38).*

NOTA

1. Loren Cunningham, *Cómo triunfar con Jesús* (Tyler, Texas: Editorial JUCUM, 2003).

CAPÍTULO 11

Medios invisibles de apoyo

Probablemente el mayor obstáculo que han de vencer los que se proponen ser misioneros sea la cuestión del dinero. ¿Cómo saben ellos que el dinero estará disponible cuando lo necesiten? ¿Cómo sostendrán a sus familias? ¿Serán capaces de pagar los estudios de su hijo en la universidad, o ponerle un aparato para corregirle los dientes? Muchos cristianos usan la expresión «misionero por fe», que parece llamar al respeto de los que lo conocen. Cabe entonces preguntarse: «¿Qué pasaría si yo no tuviese bastante fe para ser misionero?»

En primer lugar conviene darse cuenta de que si Dios le llama a servir de tiempo completo, es consciente de todas sus necesidades. Sabe cuántos hijos tiene (o va a tener). Se preocupa de sus padres ancianos que tienen salud precaria. Ve incluso que la dentadura de su hija necesita ortodoncia. Dios es práctico. No tema obedecerle, ni crea que él pasa por alto sus preocupaciones. Él piensa en ellas y también en todas sus necesidades futuras que usted ni siquiera conoce.

De esto hablamos en el segundo capítulo: el secreto de los pájaros. Su Padre celestial es responsable de ellos; por tanto no se preocupan. Y él es ciertamente responsable de su persona y su manutención. Dios tiene diversas formas de sostener a los que se entregan a un ministerio de tiempo completo. No pretenda dictar al Señor los medios a través de los cuales usted puede ser sostenido económicamente. Algunos son incapaces de sacrificar su orgullo y depender de los demás. Resuelven empezar, sólo cuando saben que pueden pagarse sus propios gastos. Otros caen en la trampa del orgullo espiritual, creyendo que la única manera de ir al campo misionero es que Dios le haga saber su necesidad a la gente, sin que ellos pidan. Otros dependen demasiado de las personas, se apoyan más en sus contactos que en Dios. Y si les hacemos ver lo contrario, tendrán problemas para confiar en él.

La Biblia afirma que la fe viene por oír la Palabra de Dios. Ya sea que esté comenzando o que haya estado en el ministerio por muchos años, escuche la Palabra de Dios para usted, y haga exactamente lo que él le pida hacer en cada situación.

Fíjese en la diversidad de experiencias que nos muestra la Escritura:

Cuando Jesús y Pedro necesitaban dinero para pagar sus impuestos, el maestro envió a Pedro a pescar, diciéndole que encontraría una moneda en la boca de un pez.

Cuando la viuda de un ministro estaba a punto de perder a sus dos hijos por causa de una deuda, Eliseo le instó a acudir a sus vecinos para pedirles vasijas prestadas y llenarlas con un poco de aceite que él tenía. Dios multiplicó el aceite por el resto de su vida. Ella lo vendió y así pudo sacar a su familia adelante.

Cuando Elías tuvo hambre, Dios le mandó recabar «fondos». Pero en vez de enviar miles de cartas a donantes potenciales con sobres y respuestas incluidos, le dijo que acudiera a una mujer muy necesitada y le pidiera directamente.

¿Qué medios de sostenimiento son más bíblicos? ¿Ir a pescar? ¿Vender aceite? ¿Peticiones directas? Al leer las Escrituras llama la atención la forma en que Dios suplía a sus siervos: demostraba variedad y creatividad. Los levitas vivían de las ofrendas que llevaba el pueblo a la casa de Dios. Los profetas que tenían un ministerio itinerante solían depender de las dádivas espontáneas, así como de la hospitalidad de sus amigos. Por un cierto periodo de tiempo, el apóstol Pablo manufacturó tiendas de campaña y trabajó «día y noche» para conseguir sustento mientras hacía una labor pionera en Tesalónica (1 Tes. 2:9). Otras veces recogió ofrendas. Algunos creyentes con medios económicos suficientes, como Lidia, le alimentaban y alojaban.

Hasta cumplir los treinta, Jesús vivió de lo que ganaba trabajando como carpintero. Pero cuando inició su ministerio de tiempo completo, vivió con la gente y comió de sus mesas. Como vimos en un capítulo anterior, él tenía algunos amigos íntimos que contribuían a su sostenimiento de manera regular, el Hijo de Dios también tuvo sostenedores económicos que apoyaron su misión en esta tierra (Lucas 8:3).

Aunque la historia de la moneda en la boca del pez puso de manifiesto que Jesús confiaba que Dios satisficiera sus necesidades de forma soberana, también hizo peticiones directas. Cuando necesitó un medio de transporte para su entrada triunfal en Jerusalén, envió a sus discípulos a pedir prestado un asno.

Ciertamente, el único elemento común en los relatos bíblicos de provisión fue la obediencia a la voluntad de Dios. La clave para vivir con medios invisibles de apoyo es oír su voz y obedecer lo que él pide hacer. Y cuídese de la trampa de esperar que él le guíe siempre de la misma manera. Manténgase flexible y abierto a su dirección. Pregunte al Señor qué pasos debe dar. A veces él le puede indicar que informe a otros de sus necesidades. Obedézcale. Otras veces puede mandarle guardar silencio y no dar a conocer sus necesidades a nadie sino a él. O puede guiarle a hacer una inversión. Obedézcale. Puede también darle una oportunidad empresarial. Algo que usted produzca en su ministerio y que pueda acarrearle beneficios económicos. Pero tampoco descarte alternativas creativas, ni intente que el Señor le provea de cierta manera que usted ya conoce. Todos los milagros de provisión de Dios comienzan oyendo el consejo de María en las bodas de Caná: «Haced todo lo que él os diga».

Karen Lafferty era una reconocida cantante empleada en un club nocturno cuando el Señor la llamó al ministerio del evangelio. Ella sabía que podía ganar bastante dinero si seguía en su trabajo, pero no quería desobedecer a Dios. Si dejaba el trabajo, ¿de dónde obtendría dinero para mantenerse? Cuando asistía a un estudio en la Capilla Calvario, en California del Sur, Karen recordó el versículo de Mateo 6:33. El pasaje le impactó fuertemente. Luego agarró una guitarra, compuso una melodía y la adaptó a las palabras que le rondaban en la cabeza: «Busca primero el reino de Dios... y su justicia perfecta...» —usted probablemente reconocerá la canción que Karen tenía en mente. Es bastante conocida en muchas congregaciones de todo el mundo. «Y todas estas cosas os serán añadidas. Alelu, aleluya».

Karen escribió la canción y acto seguido la vendió a un editor. Karen es misionera hoy. Los derechos de autor de esa melodía, grabada y registrada legalmente, han provisto hasta la fecha parte del apoyo misionero de Karen.

Una lista para una posible salida

1. ¿Estará Dios diciéndome esto?

¿Cómo sabré que Dios es quién me habla? He aquí algunos breves principios. Recuerde que toda impresión sólo puede proceder de cuatro fuentes distintas: su propia mente, la mente de otros, la mente de Dios y la mente de Satanás. Es fácil silenciar las impresiones que proceden del diablo: hágalo callar en el nombre de Jesús. En Santiago 4:7 se nos dice que le resistamos y él huirá de nosotros.

¿Y la propia imaginación? ¿Está Dios diciéndole que haga algo, o usted lo desea con tanto anhelo que cree que es Dios cuando en realidad es usted? Para poder oír a Dios, pídale ayuda para llevar todo pensamiento cautivo a la obediencia de Cristo (2 Cor. 10:5). Él puede hacer que su confusión de ideas —incluidas las de otras personas, en el pasado o en el presente— se disipe poco a poco, que se haga silencio y que su voz se oiga claramente en su interior. Si usted está decidido a obedecerle, él le mostrará claramente lo que debe de hacer.

Recuerde también que si la idea viene de Dios, él se lo confirmará; ya sea a través de las circunstancias, ya de la aprobación de otros como sus líderes espirituales, o por medio de alguna señal como la que recibió Gedeón usando el vellón de lana. Dios no es parco en confirmar si usted le busca honestamente y hace de buena gana lo que él le diga. Tome todas sus decisiones en la presencia de Dios; escríbalas (Hab. 2:2), y llévelas a la práctica.

2. ¿Cuánto costará?

El cálculo de un presupuesto es una parte muy importante de la obediencia a la guía de Dios. Algunos piensan que la gente espiritual es una clase especial de soñadores que se mueven a través de un aire fino, en espera de que los ángeles pongan algo debajo de sus pies. Eso no es cierto.

Uno de los milagros más grandes de la Biblia comenzó con el cálculo de un presupuesto. Cuando Jesús dijo a los discípulos que alimentaran a una multitud hambrienta, Felipe hizo un rápido cálculo y dijo que doscientos denarios, o el equivalente al jornal de doscientos hombres, no bastarían para cubrir el gasto. Jesús no le reprendió por hacer el cálculo. No hay nada antiespiritual en la preparación de presupuestos.

Haga una lista. ¿Cuáles son las necesidades que usted prevé? Sea que Dios le llame a un proyecto temporal, o a una carrera en la misión, necesita investigar los costos y escribirlos. Mientras estudia el proyecto, evite los extremos de la penuria o la extravagancia. Una joven que confiaba en que Dios le proveería dinero para ser misionera preguntó: «¿Proveerá el Señor dinero para productos cosméticos?» Si es una necesidad para usted, entonces será importante para él también. Por otra parte, debemos recordar que él promete cubrir nuestras necesidades, no nuestras «codicias».

3. ¿Qué es lo que ya tengo?

Siempre que Dios le inspire un proyecto, él contará con lo que usted ya tiene en su poder. Él no se moverá milagrosamente hasta que usted haya hecho todo lo que está a su alcance para lograr que algo suceda. La alimentación de los cinco mil comenzó cuando aquel niño le entregó su almuerzo. Eliseo le preguntó a la viuda pobre, qué tenía en su casa (2 Reyes 4:2).

—Nada —respondió ella—, excepto un poco de aceite.

Lo que tiene podrá parecerle insignificante, pero Dios se lo pide para tenerlo como base. ¿Tiene un auto para vender? ¿Se está sujetando a algo en previsión de un día lluvioso? Pida al Señor sabiduría para saber qué hacer con lo que tiene. Puede que él quiera que venda cosas, o que invierta lo que tiene. De nuevo, la obediencia a su guía es fundamental. Algunos creen erróneamente que la única manera de obedecer a Dios es no poseer nada. Jesús invitó al joven rico a repartir todo lo que tenía, pero no dio el mismo consejo a Nicodemo, aunque éste también era un hombre con recursos.

En nuestra misión hemos visto a menudo que Dios pide a la gente dar lo poco que tiene, aunque ellos mismos estén pidiendo a Dios dinero. Muchas veces, la manera de conseguir dinero es dándolo. En tanto en cuanto se dé en obediencia a Dios, y no movido por la codicia, o como resultado de la manipulación de otra persona.

4. ¿Debo informar a otros de mi necesidad?

En los primeros años de Juventud con una Misión, yo presentía que nuestros obreros no debían dar a conocer sus necesidades. Durante años nunca mencioné una sola necesidad económica en las cartas de JUCUM. Yo no creía que esta era la única forma de conducir una misión; era simplemente la forma en que Dios nos dirigía por aquel tiempo.

Entonces, en 1971, en pleno proceso de compra de nuestra primera propiedad —el hotel en Suiza—, sentí que Dios me impulsaba a escribir una carta a miles de personas, contándoles cuánto confiábamos en Dios y pidiéndoles que oraran acerca de la posibilidad de ayudarnos. Me sorprendí de mi reacción inicial a tal impulso. Tuve que luchar para obedecer a Dios y escribir aquella carta. No me daba cuenta de cuánto me había enorgullecido por el hecho de creernos distintos a muchas otras organizaciones misioneras. ¡Podíamos confiar en que Dios condujera a la gente a darnos!

Tampoco estaba preparado para la reacción de algunos que recibieron nuestra petición. Un buen amigo nos escribió una airada carta, diciendo: «Yo pensé que JUCUM no hacía llamamientos económicos». Esto fue suficiente para volver al Señor. Estaba seguro de que le había oído y le había obedecido. Estas reacciones demostraron la estrechez de miras en que habíamos incurrido, intentando asegurarnos que el Señor continuara trabajando de la forma que lo había hecho en el pasado. Y sin darnos cuenta, habíamos transmitido a otros la creencia de que Dios sólo actúa cuando uno no comparte públicamente sus necesidades.

Lo que hacía falta para la compra del hotel fue exactamente suplido en francos suizos, el mismo día del vencimiento del pago. Obedecimos a Dios y compartimos nuestra necesidad.

Fe es obediencia para hacer lo que Dios nos pide hacer, nada más. De modo que, pregunte a Dios si debe dar o no a conocer sus necesidades. Recuerde que Elías se quedó junto al arroyo de Querit, y fue mantenido sólo por la provisión de Dios. Dos veces al día el Señor le enviaba cuervos con comida. Pero cuando el arroyo se secó, Dios le dijo que se fuera y diera a conocer sus necesidades a una viuda de Sarepta.

¿Qué habría ocurrido si Elías hubiera respondido a Dios: «Pero Señor, tú sabes que yo no informo a la gente de mis necesidades? Tan sólo te lo digo a ti, y tú me alimentas. ¡Soy demasiado espiritual para comentárselo a la gente!» Puede haber razones concretas para dar o no dar a conocer sus necesidades. Esto tiene que ver con la clase de ministerio en que usted sirva a Dios.

En aquellos primeros años de JUCUM, por ejemplo, gozábamos de poca credibilidad como misión. Ofrecíamos la imagen de unos jóvenes que iban a evangelizar durante las vacaciones de verano. Algunos temían que nos adueñáramos del dinero destinado a los misioneros «estables». Tuvo que pasar un tiempo para que la gente viera que nosotros éramos también misioneros estables (JUCUM cuenta en la actualidad con quince mil misioneros que sirven en distintos países del mundo). También tuvo que pasar otro tiempo para que la gente apreciara el valor de las misiones de temporada corta. Cuando comenzamos en la década de los sesenta, la misión a corto plazo era una idea nueva.

Cuando una misión comienza, suele haber un tiempo espectacular de provisión milagrosa de Dios. Después, cuando un ministerio o un individuo llegan a establecerse en el campo misionero, hay más personas que apoyan y forman vínculos de oración y compromiso. Esta fase no es menos espiritual que la de los primeros días, en los que solían ser necesarias las provisiones milagrosas.

Cuando los israelitas deambularon por el desierto por cuarenta años, recibieron comida de forma sobrenatural todos los días excepto el sábado, en que recogían el doble de maná que el día anterior. Esto sucedió durante cuarenta años, todas las semanas sin excepción. No tenían que trabajar en un huerto ni comprar en un supermercado. Lo único que tenían que hacer era salir fuera de la tienda y recogerlo.

Imagínese cómo se sentirían cuando entraron en la tierra prometida y se les dijo: «Ahora tendrán que trabajar, plantar los campos, y comer el fruto de su labor». ¿Era comer el maná vivir por fe, y trabajar no? Ambas formas de alimentación lo eran, porque las dos fueron practicadas en obediencia a Dios en diferentes fases de su viaje.

A veces el Señor puede guiarle a no comentar su necesidad para demostrarle de manera extraordinaria su amor por usted. Estas ocasiones pasan a ser hitos de fe que conviene recordar cuando la marcha se hace difícil.

Un joven llamado Clay Golliher prestó un servicio a través de JUCUM en las Filipinas, hace varios años. Una vez yo visité Manila y Clay fue a recogerme al aeropuerto. El chico desbordaba entusiasmo, no era la persona tranquila que solía ser.

«Oh Loren, me acaba de suceder un gran milagro», me contó que se había quedado sin dinero y no tenía ni siquiera para comprar una estampilla y escribir a casa.

Sólo le quedaban unos cuantos centavos y necesitaba un peso para enviar una carta. Entonces el Señor le animó a escribir la carta. Lo hizo y pasó por la oficina de correos, rumbo al aeropuerto.

—Cuando iba a entrar a la oficina de correos, vi, con el rabillo del ojo, algo que revoloteaba. Y lo atrapé. ¡Era un billete! —Clay envió inmediatamente la carta.

Bryan Andrews es pastor de una nutrida congregación en Brisbane, Australia.

Hace poco pasó por Kona, en su viaje de regreso a casa, después de una gira por los Estados Unidos. Le invitamos a quedarse con nosotros por unos días. Ignorábamos que se hubiera quedado sin dinero. Cierto día salió a caminar por la playa de Magic Sands, no muy lejos de nuestro recinto universitario. Es una playa pequeña pero revuelta, conocida por sus grandes mareas e impetuosas olas. Mientras caminaba al borde del agua, Bryan miró al suelo y vio veinte dólares flotando en la ola que cedía.

«Significó mucho para mí —dijo—. Podía haber pedido dinero a algunos amigos, pero sólamente se lo pedí a Dios. Realmente quería oírle a él personalmente».

5. ¿Qué hacer para comenzar?

Muchos esperan toda su vida anhelando hacer algo grande para el Señor. Pero nunca dan el primer paso. Esperan a que Dios haga algo.

A mí me gusta preguntar a la gente: «¿Has visto alguna vez un perro perseguir a un auto estacionado?» Por supuesto que no. Marcos 16:17 afirma: «Estas señales seguirán a los que creen...». Pero las señales no podrán seguirle, si el vehículo permanece «estacionado». Tiene que moverse y vencer la inercia. La fe no es pasiva. Pablo dijo: «Prosigo para ver si logro asir aquello para lo cual fui también asido por Cristo Jesús» (Fil. 3:12).

Un amigo mío llamado Sam Sasser fue usado por Dios en un avivamiento que tuvo lugar en las islas Marshall hace algunos años. Sam fue allí como misionero cuando tenía poco más de veinte años, y pronto guió a unos reyes isleños hacia nuestro Señor, así como a muchos de sus súbditos. Bautizó a cientos de nativos en las lagunas azules de aquellas esparcidas islas. Pero a veces les resultaba difícil a Sam y a su esposa Florencia obtener el dinero necesario para llevar a cabo una obra pionera para Dios en un país tan pobre.

Un día estaba pasando dificultades económicas, según él mismo dijo. Sam tenía un amigo marshallés, de sesenta y tres años, llamado Barton Batuna, que había predicado en las islas durante la mayor parte de su vida. Ese día Batuna buscó a Sam y lo encontró.

—¿Qué te pasa Sam? —le preguntó.

Sam miró al hombre de piel oscura y complexión melanesia resistente, como un resorte espiral..., todo energía. De repente se sintió más viejo que aquel hombre, cuya edad casi triplicaba la suya.

—Dios me ha dicho que construya aquí un instituto bíblico; quiero llamarlo Instituto Calvario —Sam suspiró y dio una patada en la arena de coral que pisaba—. ¡Pero no tengo dinero para construirlo!

—¿Cuánto tienes? —le preguntó Batuna.

—Poca cosa. Sólo doscientos dólares.

—Eso no alcanza para comenzar —replicó el predicador marshallés.

Sam le miró de reojo bajo el sol abrasador del Pacífico. En ese momento no se sintió deprimido, sino disgustado.

—Desde luego que no. Es más, no tengo la menor idea de cómo se va a construir.

—Bueno, ¿por qué preocuparse? Usemos los doscientos dólares y vayamos tan lejos como podamos.

«Ya por lo menos dice nosotros» —pensó Sam, sintiéndose un poco mejor.

—Pero hermano Batuna, usted no entiende. No se trata de empezar a edificar. No tenemos cemento y hará falta mucho más de doscientos dólares para ir a Guam a comprarlo.

Guam está a 2.735 kilómetros por avión y era el lugar más cercano para comprar materiales de construcción. No existía tal cosa como la entrega a domicilio. Había que ir a comprarlo allá.

—¿Dónde está tu fe, hombre? —retó Batuna—. Tienes doscientos dólares. Con esto llegaremos hasta donde podamos. Sam prestó más atención a su amigo, aunque lo que dijo iba contra todo sentido común. ¿Por qué abandonar la seguridad de una base para emprender un viaje tan largo por el océano Pacífico, y tomar un vuelo tan costoso, pagar dos pasajes y acabar varado en alguna isla, sin tener un sitio donde alojarse y nada para comer?

Sam se animó grandemente por el hecho de que el reverendo Batuna siguiera diciendo «nosotros», pero una voz interior venció los razonamientos lógicos. Compró los pasajes. Sus doscientos dólares les llevaron hasta Kwajalein Atoll, lugar donde sólo había una base naval norteamericana. Cuando desembarcaron en la cálida y soleada isla tenían treinta y seis céntimos entre los dos, y más de dos mil kilómetros de océano les separaban de Guam. Entonces resolvieron entrar en la cafetería de la base naval y pedir una hamburguesa con lo que les quedaba. Al menos podrían disfrutar un rato de comodidad con aire acondicionado.

Cuando llegó la hamburguesa, la partieron equitativamente y empezaron a comérsela despacio. Sam se agitaba por dentro: «¿Qué he hecho? —se preguntó—. Debería haberme quedado en casa. ¿Cómo volveré allá? No sé como puedo haber tirado doscientos dólares por la borda para comprar dos pasajes hacia ninguna parte». Prolongaron las dos mitades de hamburguesa todo lo que pudieron. De vez en cuando el reverendo Batuna repetía a su amigo: «No te preocupes. Lo conseguiremos».

En ese preciso instante, un hombre se les acercó a la mesa. Sam sabía que allí había algunos filipinos civiles los cuales trabajaban para la marina norteamericana. La marina tenía que importar obreros hasta ese lugar desolado.

—Hermanos —dijo, dirigiéndose a ellos—, sé que son hermanos míos en la fe del Señor Jesucristo...

Sam miró al reverendo Batuna, pero él también pareció estar desconcertado. ¿Quién era este tipo?

—He estado orando en mi habitación. Soy de Manila —dijo—, miembro de una iglesia muy grande en esa ciudad. Ustedes no me conocen ni yo les conozco. Pero Dios me ha enviado aquí para entregarles esta ofrenda.

El filipino puso una bolsa de papel encima de la mesa, entre los dos hombres.

—Les amo a ambos ¡Que Dios les bendiga!

Acto seguido se marchó. Sam se quedó mirando al extraño enviado de Dios.

—Bueno —Batuna miró por encima de sus gafas a Sam—, ¿vas a mirar dentro de la bolsa o no?

Sam agarró la bolsa y miró en su interior, al tiempo que contenía la respiración. Luego comenzó a sacar fajos bien ordenados de dólares americanos y a ponerlos sobre la mesa. Los contaron. Había diez mil dólares, ¡ahorrados por un obrero filipino que trabajaba lejos de su propio país! Era más que suficiente para llegar a Guam, por supuesto, y para comprar todo el cemento y buena parte de la madera y materiales para construir el techo del edificio. Sam aprendió aquel día que hay que comenzar a andar —hay que vencer la inercia—; hay que obedecer a Dios. Si él le pide hacer algo, comience con lo que tenga. Él proveerá el resto.

No puede poner límites a la provisión de Dios

Cuando Dios le haya inspirado, ¡láncese! A Dios le encanta la fe agresiva. Establezca sus objetivos con una combinación de iniciativa individual y dirección de Dios. En el caso de Eliseo y la viuda, la cantidad de producto provista por Dios sólo estuvo limitada por el número de vasijas que pidió prestadas a sus vecinos.

Cuando Dios promete algo, lo hace con la condición de que usted cumpla su parte. El esfuerzo humano poco entusiasta puede impedir o retrasar el cumplimiento de la Palabra de Dios, o limitar lo que él quiere hacer. Así pues, no sea nunca tibio. Haga lo que él le haya pedido y hágalo con todas sus fuerzas.

En 1972 estábamos orando en un grupo pequeño con algunos de nuestros jóvenes. Pedimos al Señor que nos guiara y nos mostrara por qué cosa debíamos orar. Entonces Dios puso en nuestro corazón la idea de orar por nuestros equipos de JUCUM que estaban sirviendo en más de trece bases militares europeas. Una persona oró para que en las bases militares estadounidenses hiciera énfasis en la Palabra de Dios. Yo recibí la impresión de que debíamos pedir al Señor el privilegio de distribuir 100.000 Biblias en dichas bases. Otro recibió la idea de orar para que se celebraran maratones de lectura pública de la Biblia. Entonces supe que debía contactar a Kenneth Taylor (editor de la Biblia al Día).

Después de terminar de orar, telefoneé a mi amigo el Hermano Andrés, nativo de Holanda, para ver si él conocía al señor Taylor. Fue el momento perfecto. El Hermano Andrés dijo que Ken Taylor se encontraba en Europa y proyectaba entrevistarse con él en pocos días. Contacté al señor Taylor quien, según supe, había tenido que cambiar de planes y regresar a los Estados Unidos de inmediato, pero el aceptó entrevistarse conmigo al día siguiente, en el aeropuerto de Frankfurt. Llegué allí y le expliqué brevemente lo de nuestra reunión de oración y la idea sobre la distribución de Biblias. Él me contó que su organización tenía 100.000 Biblias sobrantes después de una campaña de Billy Graham. Si éramos capaces de garantizarle una distribución responsable, podíamos conseguirlas gratuitamente.

El señor Taylor y los editores de la Biblia al Día enviaron los libros a Alemania. Una vez allí, mediante un acuerdo con otro amigo, el coronel Jim Ammerman (capellán jefe del V cuerpo de ejército estadounidense), se llevaron las Biblias en camiones militares y fueron repartidas en las bases militares de Alemania, donde, fuimos ayudados por otros cristianos, comenzamos a repartirlas a todos los demás soldados.

Antes de acabar de repartirlas, todas las cosas por las que habíamos orado en aquella reunión se habían cumplido. Se celebraron maratones bíblicas de lectura con la ayuda de modernos sistemas de sonido. Distribuimos 100.000 Biblias gratuitamente a todos los que se comprometieran a leerlas. Se leyeron muchas copias y se repartieron en capillas militares, cuarteles y estaciones de policía militar de toda Europa.

Miles de personas notaron el impacto —desde el último recluta hasta los generales de más alto rango—, y muchos de ellos se convirtieron a la fe de Cristo. Varios soldados ingresaron al servicio misionero después de terminar su periodo de servicio militar. El coronel Ammerman regresó a Frankfurt hace algunos años y descubrió que algunas de aquellas Biblias aún se leían, y que los soldados seguían hallando la salvación de Jesucristo al leer las Escrituras.

Dios quiere concedernos visiones y desafíos más grandes a fin de que realicemos increíbles proezas para él. Puede que usted esté orando ahora por varios cientos de dólares para hacer un corto viaje misionero. Puede que en algunos años confíe en una provisión de millones para realizar un gran proyecto misionero. En cualquier situación, acuda a Dios primero, obtenga su dirección divina, y esfuércese para llevarla acabó.

NOTA

1. Mi primer libro trata de este tema: *¿Eres tú, Señor?* (Tyler, Texas: Editorial JUCUM, Nueva edición 2004).

CAPÍTULO 12

Cómo pedir dinero

Una vez leí en una revista cristiana inglesa «la típica» carta de solicitud de dinero:[1]

Estimado hermano o hermana:

Disculpe la mala impresión y la pobre calidad de este papel. Pero andamos muy escasos de recursos al inicio de la fase 98 del proyecto de construcción de la Facultad Conversión Universal. Como sabrá por nuestra carta anterior, nos hemos propuesto alcanzar la suma de 23,5 millones de libras. A la presente, acabamos de superar la marca de 13,5 millones y es maravilloso ver cómo crece la obra.

Es de gran ánimo, cuando se vive por fe, ver la provisión de todo lo que se necesita. Comemos regularmente a intervalos. A mí me toca los martes y los jueves. Y es sorprendente cuántos juegos y actividades se pueden organizar con éxito en la oscuridad. Anoche se me ocurrió algo cuando intentaba dormir sobre el linóleo. La norma de no solicitar nunca apoyo económico es lo que nos diferencia de otros proyectos que parecen estar constantemente pidiendo. Algunos nos han preguntado por nuestra primera palabra profética que predijo la conversión de toda Inglaterra para el miércoles pasado. Suponen que ha faltado poco para que se cumpla. Creemos, no obstante, que esto se debe al espíritu de tacañería de algunos individuos que no han participado en el proyecto. Anoche oramos por ellos mientras leíamos la historia de Ananías y Safira a la luz de una vela. ¿Conoce, amigo, esta historia?

Le saluda atentamente...

Entiendo que dicha carta se firmó con letra temblorosa e ilegible. Probablemente el pobre caballero también padecía raquitismo.

Quizás nos resultaría útil aprender a hacer peticiones económicas, mostrando cómo no deben hacerse. Dios juzga nuestras acciones según nuestros motivos. Por lo tanto, es muy importante tener un motivo recto cuando se da una ofrenda, y apelar a la pureza de intención de los dadores potenciales.

Cómo no recaudar dinero

1. No recurra a la culpa para solicitar dinero.

Aunque en el gracioso ejemplo de Inglaterra hayamos exagerado adrede para que quede claro, todos hemos leído cartas de noticias similares. «Si no nos ayuda urgentemente, esté programa de radio dejará de retransmitir y millones de personas irán al infierno», o «¿sabía usted que por la misma cantidad que usted gasta en un restaurante, después del culto dominical, una familia podría comer todo un mes en América Central?»

La culpa que sembramos en el dador, no es un buen motivador. El Señor ama al dador alegre, no al culpable, o al reacio. Puesto que «Dios no envió a su Hijo al mundo para condenarlo», tampoco debemos hacerlo nosotros (Juan 3:17).

2. No haga solicitudes económicas apoyándose en la lástima.

¿Qué hay de malo en mover a lástima a la gente? Ciertamente no hay nada malo en compadecerse de los que sufren y padecen en el mundo, o de los que permanecen en ceguera espiritual, sin esperanza de vida eterna.

Pero si apelamos constantemente a la lástima, corremos un riesgo. La gente se endurece, y hará falta cada vez mayor estímulo para moverla a compasión. Se convierten en drogadictos de la compasión, y sólo responden a dosis cada vez más grandes.

La primera gran impresión que un visitante recibe de Calcuta, India, es que la multitud está muy necesitada. Los mendigos pululan a su alrededor por dondequiera que vaya. La gente le mira con ojos suplicantes y manos extendidas. Sin embargo, la segunda cosa que llama la atención es la falta de reacción en los que se mueven entre aquellos náufragos. Los trabajadores de la clase media —con dhotis blancos— esquivan los cuerpos de los que están tirados en la calle, y pasan por encima de los mendigos para acceder al autobús, camino a la oficina. Parece como si ya no notaran el sufrimiento.

Me doy cuenta del dilema al que se enfrentan los que se dedican a ministrar misericordia. Se esfuerzan por mantener un rostro humano que mira a los ojos de la pobreza y el sufrimiento en el mundo.

El número de personas desposeídas y hambrientas es tan grande que tienen que buscar diversas formas de hacer llegar estos datos a un nivel personal, y mostrar lo que se puede hacer para ayudarlas.

Pero la lástima no basta. Hemos de ser dirigidos por Dios al hacer nuestra dádiva. Siempre debemos comunicarnos con quienes nos apoyan, de manera que puedan preguntar al Señor con libertad si deben cubrir tales necesidades y cómo han de hacerlo. No debemos intentar conseguir que respondan movidos por la emoción del momento.

3. No apele a la codicia.

Aunque la Biblia promete: «Dad y os será dado», nunca debemos apelar a la codicia de los dadores para conseguir que den para la obra del Señor. Esto es tentarles a pecar. Todos hemos visto abusos de este tipo. «¿Necesita un auto mejor? Dé para nuestro ministerio y Dios le bendecirá. Usted no podrá dar más que Dios. Trágicamente, los más vulnerables a este tipo de solicitudes son los pobres.

La palabra de Dios es verdadera, y con frecuencia él bendice donde puede hacerlo, aun cuando los que hagan la solicitud estén tratando de manipular al público. No obstante, si uno ofrenda dinero, Dios no suele bendecirle con más dinero. Lo hace de diversas maneras: con gozo y revelación de sí mismo, de sus caminos, y de su carácter, o con un sentido de participación en la extensión de su reino. También lo hace con paz y contentamiento en medio de las pruebas que se atraviesen.

4. No apele al temor.

En los días que precedieron a la glasnost y a la caída del poder soviético era común escuchar el siguiente alegato: «Dios preserva a esta nación del comunismo porque da para las misiones en el extranjero».

Aunque Dios bendice ciertamente a la nación que da para su obra, está mal aprovecharse del temor de la gente para empujarla a dar. Es como decir: «¿Tienes miedo de que hordas extranjeras invadan y arrasen tu tierra? Entonces será mejor que des generosamente, o quién sabe lo que puede ocurrir. Otros deducen equivocadamente que si ofrendan a Dios, él protegerá a sus seres queridos de enfermedad, accidente o muerte.

Repitamos, la motivación que hay que tener para dar a Dios debe nacer del amor que se le tiene y del deseo de extender su reino por toda la tierra. Además, tales apelaciones parecen sugerir que el Señor busca fallas en nuestra obediencia para enviar cosas terribles sobre nuestras cabezas. Esta clase de apelación distorsiona el carácter de Dios. Tenemos un Padre celestial amoroso que envía la bendita lluvia sobre los justos e injustos. E incluso, cuando tiene que juzgar a la gente, lo hace con gran renuencia y compasión.

5. No apele al orgullo de los dadores.

Esta clase de solicitud suele ir dirigida a personas con medios económicos. «Dé dinero para construir y colocaremos una hermosa placa con su nombre en el vestíbulo». Aunque no es malo honrar a los que dan, no se debe alimentar su orgullo, ni provocar que esa sea la razón de su dádiva. Jesús dijo que los que dan para ser honrados por los hombres ya tienen su recompensa. Sólo los que ofrendan con un corazón puro, sin detenerse a pensar si otros saben lo que han hecho, son recompensados por el Padre (Mat. 6:4).

Hágalo bien

¿Cómo debe uno de actuar para recibir apoyo económico? En primer lugar, hay que establecer bien las prioridades. Nunca se debe tratar a la gente como posible fuente de recursos, sino estimarles siempre como amigos. Debemos guardarnos en nuestro corazón para amar a las personas y usar el dinero, nunca al revés.

Toda comunicación, incluso aquella en que presentamos nuestras necesidades, debe tener como meta acercar a todo individuo al Señor y estrechar la relación mutua. Imaginémonos una serie de círculos concéntricos. El círculo más alejado lo constituirían personas poco interesadas en relacionarse con usted, o en el caso de las cartas de noticias, en el círculo más lejano estaría una persona que haya mostrado el suficiente interés en su misión como para decir algo. El objetivo de cada comunicación es procurar atraer a la gente, llevarla a un círculo más cercano. Los que se hallan en el círculo más cercano pueden prestar atención a su necesidad más profunda. Estos serán los intercesores más comprometidos, los colaboradores que le apoyan económicamente, y sus valiosos consejeros. Y, en última instancia, no hay que sorprenderse si estas personas acaban siendo llamadas a la misión. Esto significaría que usted podría perder un sostenedor económico, pero el Señor de la Cosecha ganaría un obrero más, y usted un colaborador que le ayude a completar la Gran comisión.

Los misioneros que están comenzando suelen decir: «Pero si no cuento con nadie a quien pueda dar a conocer mis necesidades...» Algunos señalan que los miembros de su familia aborrecen sus peticiones de apoyo económico y ni siquiera les creen lo que están haciendo. (Algunos preferirían que sus hijos no fueran salvos y que ganaran dinero en un buen puesto de trabajo antes que cometer una locura como salir a las misiones). Otros alegan que no encuentran forma de conseguir apoyo porque ninguno de sus amigos son cristianos. Quizá hace poco tiempo que este obrero ha conocido a Jesús, o que proceda de una iglesia que no sostiene a las misiones, o que sólo apoya misioneros de su propia denominación.

Si usted obedece lo que Dios le dice y aguarda convenientemente, él colocará a su alrededor a las personas y los recursos necesarios para cumplir su voluntad.

La liberación del ministerio de dar

Hace algunos años di una charla a cincuenta y cinco responsables de nuestra misión. Les pregunté: «¿Cuántos de ustedes han retado a alguien a comprometerse con el ministerio de la evangelización después de haber definido una necesidad particular?» Todas las manos se levantaron. Luego les pregunté; «¿Cuántos de ustedes han ayudado a personas con capacidad para enseñar a usar sus dones para ministerios de enseñanza?» Todos volvieron a levantar la mano. «¿Han identificado alguna vez a alguien con un don de administración y ayudado a encauzarle en algún ministerio administrativo?» Una vez más, todas las manos se levantaron.

Hice una pequeña pausa... «¿Y cuántos de ustedes han logrado identificar a alguien que tiene el don de dar y le han desafiado a comprometerse con este ministerio?» Pero esta vez sólo se levantaron dos manos. Dos de cincuenta y cinco.

¿Por qué esta vacilación? Porque no hemos acertado a ver que el don de dar es tan espiritual y guiado también por el Espíritu Santo como los otros dones mencionados en Romanos 12 y 1 Corintios 12. El don de dar, proveniente del Espíritu Santo, ha de ser liberado en la misma medida que los dones de predicación, enseñanza, exhortación, liderazgo y los actos de misericordia.

Acuda delante del Señor con una hoja de papel y pídale que le haga recordar nombres en su memoria. ¿Quién ha manifestado confianza en lo que usted hace? ¿Quién le ama y cree en usted? Tal vez sólo haya una persona o dos, o puede que haya varias. Luego pídales lo que les ha de pedir. ¿Cómo lo hará? ¿Por carta? ¿Llamada telefónica? ¿Mediante una visita? ¿Una carta de su pastor o de su futuro director?

Ser recomendado por otro

Hace poco oí la idea de recomendar a alguien y ayudarle a conseguir apoyo. En realidad, esto no es nada nuevo. Mi padre, T.C. Cunningham, consiguió apoyo para cientos de misioneros a lo largo de su vida. Lo nuevo para mí fue que, según las Escrituras, hay una influencia añadida cuando es otro el que recomienda, en vez de ser uno el que se recomienda a sí mismo.

Pablo dijo en 2 Corintios 5:12 que no conviene recomendarse a sí mismo. Él recomendó, o dio referencias de otros, tal como Febe (Rom. 16:1). Pablo no se reprimió a la hora de recomendarse a sí mismo, cuando fue necesario. Presentó su caso para recibir apoyo económico en 1 Corintios 9. En 2 Corintios 11, presentó sin reparos todo su historial. Pero, de alguna manera, cuando una persona alaba a otra, aquella siente más libertad para señalar lo bueno que ésta está haciendo y para pedir a la gente que la ayude.

Wally Wenge, (antes de fallecer) quién era miembro de nuestro Concilio Internacional y dirigió un ministerio en JUCUM llamado Espigas para los hambrientos, que ayuda a alimentar a cientos de miles de personas necesitadas transportando toneladas de productos sobrantes en California central, deshidratándolos y embarcándolos con destino a otros países.

El año pasado Wally y su esposa, Norma, decidieron diezmar una de sus diez cartas de noticias anuales. Retaron a sus sostenedores con otra necesidad misionera: la de los equipos de JUCUM en el Amazonas. No mencionaron nada acerca de las necesidades de Espigas en aquella carta de noticias. El resultado fue que recibieron aproximadamente la cantidad normal de donativos para enviar al Amazonas, y otros donativos no solicitados para Espigas, el doble de lo normal.

El principio de recomendar a otra persona merece la pena ser considerado. Si cuenta con un amigo o responsable comprometido con su ministerio y está dispuesto a alargarse en su favor, él puede reunir gente que le ayude a sostenerse.

¿Qué decir de los no cristianos?

A la hora de considerar con quién contactarse, no descarte automáticamente a personas no cristianas nacidas de nuevo. Naturalmente, debe ser especialmente sensible a la presentación de su labor y orar escrupulosamente para que el Señor le ayude. Pero si es cierto que cuando alguien entrega su tesoro, su corazón lo acompaña paulatinamente, entonces, un no creyente puede ser atraído al reino de Dios cada vez que dé para la obra de Dios.

La obediencia es más importante que el dinero

Al comunicar una necesidad, siempre debemos animar a la gente a obedecer al Señor en el dar. Si llegamos a convencernos de que dar al Señor es verdadera adoración, no tan sólo una obra terrenal para mantener en marcha el trabajo espiritual, entonces sentiremos libertad para animar a la gente a dar. Dar es un ministerio espiritual. Nuestra meta debe ser la obediencia a Dios y ésta es más importante que el dinero. Una persona respondió recientemente a una carta de petición de ayuda de uno de nuestros misioneros, Paul Hawkins, diciéndole: «He orado acerca de su necesidad, pero el Señor me ha mostrado que no debo ayudarle en esta ocasión». Paul contestó inmediatamente a aquella persona dándole las gracias. No sólo debemos escribir notas de agradecimiento a la gente que nos da. Si obedecen a Dios cuando no dan, también debemos expresarles nuestro aprecio. Cuando compartimos noticias y necesidades con la gente por medio de una comunicación regular les estamos dando la oportunidad de dar y participar en nuestra obra, si el Señor les mueve. Les estaremos extendiendo el gran privilegio de involucrarse con lo que Dios está haciendo en algún otro lugar del mundo. No debemos disculparnos cuando extendamos esta oportunidad, ni titubear al darnos cuenta de que el Señor bendice verdaderamente a los que dan. Otra cosa que hay que tener en cuenta es que una carta de noticias es para informar y sólo de vez en cuando (o en una pequeña porción de la carta) deben ser mencionadas las necesidades, excepto cuando se atraviesa una auténtica crisis. Como cuando en la fábula de Esopo el niño exclamó: «¡Ya viene el lobo! ¡Ya viene el lobo!», así lograremos que la gente se vuelva más insensible a las verdaderas necesidades si estamos constantemente pidiéndoles dinero.

Una última cosa a recordar al dar a conocer sus necesidades: Recuerde buscar la dirección de Dios. A veces él le puede conducir a escribir una o dos cartas personales. En otras ocasiones puede que tenga que viajar para entrevistarse con cierta persona. Puede enviar una carta de noticias impresa a varios amigos, pidiéndoles que oren acerca de la posibilidad de dar. Manténgase flexible en cada situación.

Nunca menosprecie la necesidad de obtener dirección

El Señor le mostrará con qué personas debe usted de contactarse y lo que tiene que decirles. Recuerde, él está tan comprometido como usted con su ministerio —de hecho lo está más— y también anhela bendecir a los que dan. No se meta en la obra espiritual de liberar gente para el ministerio de dar, o repartir, sin pedir la ayuda y la dirección de Dios.

¿Hay algún precio que pagar a la hora de pedir dinero? Sí, ciertamente. Uno tiene que humillarse y permitir que la gente sepa que confía en que Dios guíe a algunos de ellos a ayudarle a hacer lo que está haciendo. Será vulnerable. Puede que sienta temor o vergüenza. Algunos le rechazarán. Pero si tuviera que pasar ese día dando testimonio de Jesús en las calles, muchos le rechazarían también. Seguramente se sorprenderá de quién le da y quién no. Moisés dijo: «Tomad de entre vosotros ofrenda para el Señor; todo generoso de corazón la traerá al Señor» (Éxodo 35:5). Moisés no se preocupó de aquellos que no tenían un corazón dispuesto, sino que retó a los que sí lo tenían, para que entregaran su ofrenda a Dios. Haga lo mismo que hizo Moisés. Obedezca a Dios y confíele el resultado.

NOTA

1. Escrito por Adrian Plass, columnista de la revista Christian Family. Para obtener una copia escriba a: 37 Elm Road, New Malden, Surrey KT3 3HB, Inglaterra.

CAPÍTULO 13

La cuestión de la riqueza

Los invitados se acercaron de buena gana a la mesa. La anfitriona se apresuró a servir una comida típica neozelandesa de carne y papas. Pero cuando llegó el momento del postre y del té, se disculpó mientras derramaba un pálido brebaje en las tazas.

—Lamento que el té esté tan claro —explicó a sus huéspedes—. Lo hacemos así para aumentarlo. ¿Saben?, nosotros *«vivimos por fe»*.

Sus huéspedes le aseguraron que no les importaba. Es más, por ser estadounidenses, sintieron alivio al saber que el té no estaba tan cargado como normalmente lo sirven los neozelandeses. Y ciertamente apreciaban el ministerio que estas personas llevaban a cabo al abrir sus puertas a la gente necesitada, confiando que Dios les mantendría una semana más. Pero la ironía y el humor de su declaración les hizo mella después, cuando viajaban a casa. *¿Significa vivir por fe,* tomar un té claro? *¿Significa vivir por fe,* usar zapatos con tacones desgastados y tener un auto que a duras penas arranque, o se oiga desde una cuadra de distancia? ¿Qué estaría más flojo: el té o la fe?

El tema de la riqueza —particularmente para los siervos de Dios— es una cuestión emocional. Es difícil separar los sentimientos de los hechos. Los cristianos del *bendíceme* predican que si uno tiene fe, dispondrá de grandes riquezas materiales. Y si no prospera es por que no ha ejercido su fe.

Los cristianos que predican la ética del trabajo responden que el trabajo esforzado se verá recompensado con la bendición material de Dios. Alegan que si uno no tiene dinero es porque ha sido perezoso. Desgraciadamente, estas personas suelen abundar en trabajos e iniciativa, y normalmente andan escasos en misericordia y en dádivas para las misiones.

En el extremo opuesto a la mentalidad de los cristianos del *bendíceme* y de los de *la ética de trabajo*, están aquellos que miran con recelo a cualquiera que posea bienes materiales. Los cristianos que creen que la riqueza es mala se acercan a la mentalidad comunista y achacan todos los males del mundo a la injusta distribución de la riqueza. Cualquier cristiano serio, según ellos, deberá desprenderse de todo, salvo lo estrictamente necesario. Algunas de estas personas casi deifican la pobreza —cuanto menos tengas, más cerca estarás de Dios.

Cualquiera que sea su opinión, la mayoría de nosotros sentimos emociones opuestas respecto a la riqueza, especialmente la de los que ejercen puestos de ministerio eclesiástico.

Unos amigos míos han trabajado en JUCUM por casi veinte años, principalmente en los Estados Unidos. A lo largo de ese tiempo pasaron por sus manos varios vehículos usados con un alto costo de mantenimiento, dudosa fiabilidad, mucho gasto de gasolina y bajo precio a la hora de deshacerse de ellos. Un vehículo que ellos nunca olvidarán es un *Travel-All* —carro viajero—, que recorría dieciséis kilómetros por galón (casi 24 litros en 100 kilómetros) y se averiaba continuamente.

Entonces hicieron una buena transacción y compraron otro vehículo de segunda mano. Aunque tenía siete años de uso, estaba en muy buen estado; hacía 45 kilómetros por galón (unos 8,5 litros en los 100 kilómetros), era fiable, económico a la hora de repararlo, y costó mucho más barato que un auto americano nuevo. Era un *Mercedes-Benz*. Mis amigos lo compraron convencidos de que sería una manera excelente de administrar el dinero del Señor.

Tuvieron este auto y después otros Mercedes de segunda mano durante varios años. Cambiaban el auto viejo por otro más nuevo por una cantidad similar de dinero. Mientras tanto, gastaban menos en mantenimiento y combustible de lo que solían antes. Estaban muy agradecidos con Dios por su provisión.

Luego empezaron a oír comentarios acerca del auto por la marca *Mercedes-Benz*. Cierta persona lo calificó de «opulencia»; otras se preguntaban: «¿cómo puede un misionero permitirse el lujo de tener tal auto?» O, incluso: «¿Cómo pueden tener un auto de esos cuando hay tanta gente que pasa hambre en el mundo?» ¡Deberían haber colgado un letrero en una ventana del vehículo anunciando cuánto les costó, el poco mantenimiento, y cuánto se ahorraban en combustible todas las semanas! O podrían haber escrito: «Este auto está ahorrando dinero al Señor». Pero no pudieron. Oraron y decidieron que no querían ser *piedra de tropiezo* para nadie. Tenían que deshacerse de aquel auto.

Lo cambiaron por una furgoneta pequeña que costó más que el Mercedes de segunda mano. La furgoneta acabó costándoles más y se devaluó antes que el auto; pero después, nadie se quejó de que malgastaran el dinero del Señor.

¿Dónde está Dios en todo esto? ¿Hay un límite de riqueza por debajo del cual haya que mantenerse para agradarle?

Recientemente yo fui bendecido de tal manera que comprendí mejor esta cuestión. Algunos años después que nuestra familia viviera en un pequeño apartamento dentro del recinto universitario de JUCUM, en Kona, nos llevamos una gran sorpresa. Los Jucumeros de todo el mundo participaron en una ofrenda especial y nos regalaron un auto nuevo y una casa. Fue maravilloso, especialmente por el amor que derramaron sobre nosotros. La casa es muy bonita, pero Darlene me dijo unas semanas después: «¡No lo puedo creer! ¡A veces siento como si los verdaderos dueños de la casa estuvieran a punto de llegar y nos hallaran adentro!»

Pasaron algunos meses y un hombre me hizo un regalo bastante inusual. Él quería darme dinero, pero sólo lo podría usar para una de estas tres cosas: mi funeral (probablemente no tardaría en necesitarlo, según mi amigo); mi rehabilitación, después que sufriera un infarto (lo cual —señaló— podría ocurrir en cualquier momento); o podría emplearlo para construir una piscina y hacer ejercicio con regularidad, lo cual evitaría que las otras desgracias sucediesen.

Entendí muy bien por qué mi amigo hizo tanto hincapié en el uso que debía hacer de su donativo. Él sabía que era difícil para mí tener una piscina, aun cuando en el clima de Hawai sea algo muy normal. Otros amigos también nos dieron regalos para la piscina, y otro amigo muy querido nos donó su destreza para construirla. La piscina es un recordatorio constante del amor de Dios y de la sabiduría de mi amigo.

Cuando el Señor Dios quiso darnos modelos de fe, mencionó toda una lista de héroes en el capítulo 11 de Hebreos: Abraham, Isaac, Jacob, José, David y Salomón. Todos ellos fueron hombres ricos. En el mismo capítulo aparecen también otros modelos de fe. Estos héroes fueron torturados, ridiculizados, azotados, encarcelados, afligidos o asesinados y anduvieron menesterosos y errantes, cubiertos con pieles de ovejas y de cabras, morando en cuevas y cavernas.

Pablo nos recuerda que la pobreza o la riqueza pueden provenir de la voluntad de Dios para nosotros, y que podemos aprender a adaptarnos a ambas:

> *Sé vivir humildemente, y sé tener abundancia; en todo y por todo estoy enseñado, así para estar saciado como para tener hambre, así para tener abundancia como para padecer necesidad. Todo lo puedo en Cristo que me fortalece (Fil. 4:12-13).*

> *He descubierto que es más difícil tener gran abundancia que padecer necesidad. Es mucho más fácil escuchar al Señor todos los días y confiar que él va a proveer la siguiente comida que cuando las cosas llegan fáciles a nuestras manos. Tener dinero es peligroso, en opinión del Señor. Jesús dijo que les era difícil a los ricos entrar en el reino de los cielos y que debíamos guardarnos del «engaño de las riquezas». Dios advirtió a su pueblo, cuando recibieron ciudades y casas grandes y espléndidas, llenas de toda*

clase de cosas buenas, que se «cuidaran para no olvidarse del Señor» (Deut. 6:12).

El autor del libro de Proverbios puso las cosas en su sitio cuando dijo: «No me des pobreza ni riquezas; manténme del pan necesario; no sea que me sacie, y te niegue, y diga: ¿Quién es el Señor?» (Prov. 30:8-9). ¿Dónde ha de trazarse el límite? ¿Cuánta pobreza es demasiada, y cuánta riqueza es peligrosa? El límite varía conforme a tres cosas:

1. Mi carácter. No es cuestión de creer cuánto puede Dios darme, sino cuánto me puede él confiar. Si somos fieles en lo poco, él podrá confiarnos mucho. No obstante, hay otros dos factores. El nivel de provisión de Dios también depende de...
2. Nuestro llamado, y de...
3. La cultura en que nos movamos. Aunque Dios confiara en mí y en mi carácter, él sabe cuánto necesito —ni más ni menos— para cumplir su llamado.

La provisión puede variar enormemente conforme a lo que haga y dónde Dios me ponga para servirle. Yo tengo un amigo que era ministro del Evangelio en una generosa organización cristiana. Recibía un buen salario, conducía autos nuevos y vivía en una bonita casa en el campo. Después de varios años Dios lo llamó a trabajar en el centro de la ciudad de Los Ángeles.

De la noche a la mañana él y su familia se hallaron inmersos en un vecindario invadido por la delincuencia, con rejas en las ventanas y tiendas con escaparates tapados. En vez de comprar ropa nueva, daban buena parte de su dinero a los miembros de su iglesia para ayudarles a comprar un poco de comida. Años después, el Señor les condujo a cambiar de ministerio. Aceptaron pastorear una iglesia bastante próspera en el Sudoeste del país. Aunque no llevaran una vida lujosa, este pastor y su esposa entendieron que tenían que comprar ropa nueva y vivir en una casa más parecida a la de sus feligreses. En cada una de estas tres fases, mis amigos se movieron en el centro de la voluntad de Dios —usaron sus recursos sabiamente para ministrar a la cultura en que él les había puesto.

¿Cuánto es suficiente dinero y cuánto es demasiado? No es posible fijar una cantidad. Depende de la situación, el llamado de Dios, y la gente entre la cual se trabaja. Norman Vincent Peale pastoreó una congregación prestigiosa en Manhattan por muchos años. La madre Teresa sirvió en la India a los más pobres de los desheredados de Calcuta. Sin embargo, la forma de vestir, vivir y viajar dependía del llamado de cada uno.

¿Cómo sabrá uno si está viviendo lujosamente? Aunque no podamos facilitar una cantidad determinada, si podemos dar unas directrices.

1. No debemos vivir muy por encima ni muy por debajo de aquellos a quienes servimos.

Mi hermana Jan y mi cuñado Jim Rogers nos contaron un caso. Se encontraban visitando a unos misioneros que vivían en Asia, en un país que recientemente había empobrecido, víctima de rebeliones políticas. Por causa de la caída de la economía del país, muchos misioneros residían en hermosas casas, mucho mejores de las que se hubieran podido permitir en los Estados Unidos, aunque sólo pagaban un alquiler promedio de sesenta dólares al mes. Una noche Jim y Jan visitaron a unos misioneros en compañía de otros colegas de varios países, para disfrutar del compañerismo. De pronto llamaron a la puerta. Era un veterano pastor nacional. El hombre se quedó en la entrada. Parecía incómodo, como si no se atreviera a entrar a la casa. Nuestro anfitrión salió a hablar con él y le atendió inmediatamente. Luego volvió a la reunión. «No estábamos haciendo nada malo aquella noche —dijo Jan—, pero noté que cierta intranquilidad se había apoderado del salón, algo como un sentimiento de culpa».

¿Cómo sabe uno si está viviendo muy por encima (o muy por debajo) del nivel de aquellas personas a quienes ministra? Hágase la siguiente pregunta *¿Me está este auto (casa, estilo de vida) obstaculizando, o ayudando a ganar seguidores de Cristo?*

2. Guárdese de la codicia.

La Biblia hace en repetidas ocasiones, especialmente a los que ejercen ministerios evangelísticos de tiempo completo, la siguiente exhortación: «Apacentad la grey de Dios que está entre vosotros, cuidando de ella, no por fuerza, sino voluntariamente; no por ganancia deshonesta, sino con ánimo pronto» (1 Pe. 5:2-3). Procurar más riqueza de la necesaria para cumplir el llamado de Dios es avaricia, la cual es condenada por la Biblia.

Hay dos cosas que enfurecen a la gente hoy: los predicadores que exhiben vidas lujosas, y los políticos que se enriquecen mientras ejercen el cargo. ¿Se ha preguntado usted alguna vez por qué? Yo creo que se debe a la memoria bíblica colectiva de la sociedad.

La inmensa mayoría no se dará cuenta que sacó estas ideas de la Biblia, pero así es.

El libro de Deuteronomio nos cuenta que Dios mandó a su pueblo escoger un caudillo (o rey) que no aumentara caballos, ni acumulara plata y oro para sí en abundancia, «...para que no se eleve su corazón sobre sus hermanos...» (Deut. 17:15-20). Del mismo modo, debe escogerse un responsable espiritual que «no sea avaro» (1 Tim. 3:3).

No aproveche nunca el ministerio eclesiástico para adquirir riqueza para sí. Hubo una razón por la que los levitas no recibieron propiedades. Su herencia debía ser el propio Dios, no las cosas materiales (Núm. 18:20).

No hemos de imitar los valores de este mundo. Más bien debemos rendir a Jesús el poder adquisitivo y permitirle que gobierne en esta esfera de nuestra vida. Si su corazón está comprometido a obedecer al Señor, él le hablará e impedirá que sea arrastrado por sus deseos naturales.

3. Evite la envidia y conténtese.

La Biblia no nos dice que evitemos la riqueza o la pobreza, sino que *nos contentemos*. Se nos exhorta a no comparar nuestra suerte con la ajena, ni codiciar sus posesiones.

¿Cómo se puede triunfar en este ámbito? El antídoto contra la envidia es el convencimiento pleno de la justicia de Dios.

Permita que esta verdad penetre en su corazón e impregne todo lo que vea. Él es justo y le bendecirá —si no económicamente en esta vida— de muchas otras maneras, y después, por toda la eternidad.

Él nunca prometió igualdad de bienes y de provisiones en esta vida, sino que recibiríamos todo lo que realmente necesitáramos.

4. Siga ofrendando al Señor según él le guíe.

El camino de Dios, según se revela en la Escritura, no consiste en promulgar leyes o decretar impuestos y redistribuir equitativamente la riqueza entre todos. Ni tampoco en hacer votos de pobreza —de este modo ya no podríamos dar. Su voluntad es que, aquellos por él bendecidos compartan generosamente. Esta es su voluntad para usted, si él ya lo ha bendecido con abundancia:

> *A los ricos de este siglo manda que no sean altivos, ni pongan la esperanza en las riquezas, las cuales son inciertas, sino en el Dios vivo, que nos da todas las cosas en abundancia para que las disfrutemos. Que hagan bien, que sean ricos en buenas obras, dadivosos, generosos; atesorando para lo por venir, que echen mano de la vida eterna (1 Tim. 6:17-19).*

CAPÍTULO 14

Cuando las cosas no salen bien

¿Qué pasa cuando uno oye al Señor, le obedece, y el dinero no alcanza? Usted intenta concentrarse en su trabajo, pero lo único que hace es preguntarse: «¿Por qué Dios no está supliendo mi necesidad? Yo estoy haciendo lo que él me ha mandado. ¿Por qué la cosa no funciona?»

Dios es absolutamente fiel —no puede dejar de serlo. Cuando él da su palabra, la cumple. A menos que...

Las promesas de Dios dependen siempre de que nosotros cumplamos las condiciones. Nunca son automáticas. Veamos algunas de las preguntas que uno se puede hacer cuando las cosas no salen bien:

1. ¿Amo las cosas más que a él? (materialismo)

No hay que ser un rico avaro para amar el dinero o los bienes materiales. No hay que ser rico para ser materialista. No se trata de las posesiones que uno tenga, sino de cuánto ellas le posean a uno. ¿Qué me domina fuera del dinero? El materialismo puede colarse lenta y sigilosamente en su vida misionera, aunque usted ejerza un ministerio de tiempo completo. Uno ve las necesidades de la obra, comienza a concentrarse en ellas, y al final, éstas comienzan a adquirir más relieve que su atención en el Señor. Se ha vuelto materialista, y todo en nombre del ministerio del evangelio.

Mateo 6:24 afirma que nadie puede servir a dos señores. No se puede servir a Dios y al dinero. Hay varias señales que indican que ha habido un cambio en lo profundo del corazón, para servir al dinero en vez de a Dios.

Pregúntese:

1. Cuando oro personalmente o en grupo, ¿cuánto tiempo dedico a las necesidades económicas?
2. Cuando me reúno con otros para planificar o revisar el ministerio, ¿cuánto tiempo dedicamos a hablar del presupuesto y a cómo obtener más dinero?

Cualquier cosa que ocupe un lugar prominente en su corazón se manifestará. La palabra de Dios aconseja que busquemos primero su reino y todas las demás cosas nos serán añadidas. Da la impresión de que Jesús se refirió a «todas las demás cosas» como si éstas fueran secundarias. *No se preocupe por ellas* —dijo él—. *Haga tan solo la obra que Dios le ha indicado hacer y él se ocupará de sus necesidade*s. ¿Cómo toma sus decisiones? ¿Pregunta a Dios qué debe hacer y cómo hacerlo, o calcula sus ingresos previsibles y después decide qué hacer?

Cuando alguien erige a Jesús como verdadero Señor de su vida, tomará decisiones de una manera radicalmente distinta a los que le rodean. Hay grandes multitudes que viven para el ídolo de los bienes materiales. Nadie pensará que usted es una persona rara si se traslada de un país a otro para ganar más dinero, aunque ello signifique desenraizar a su familia y dejar atrás amigos, vecindario conocido y todo lo que ama. Pero si dice a la gente que se traslada porque quiere obedecer a Dios, aunque tenga que aceptar un recorte de salario, o dar comienzo a un ministerio sin ingresos asegurados, será, ciertamente, tenido por raro. Puede que algunos le acusen de meterse en una secta o de perder su sano juicio.

Si se amenazan los dioses de la gente, ésta se ve amenazada. Unos amigos míos de hace mucho años, Graham y Treena Kerr, eran ricos y famosos cuando conocieron al Señor. Graham presentaba un programa de televisión titulado «The Galloping Gourmet». Cuando se convirtieron. Dios le inspiró que dieran todo lo que tenían para las misiones. Ellos obedecieron y repartieron millones de dólares. Fueron como el joven rico de la parábola, pero obedientes. Pero lo más sorprendente fue la cantidad de críticas que cosecharon por causa de su obediencia. Algunos les acusaron de no ser buenos administradores. Dijeron que debían haber invertido su dinero poco a poco para seguir contribuyendo con más donativos a extender el reino de Dios.

Tales respuestas demuestran dónde están los verdaderos valores de las personas. Al igual que los discípulos cuando la mujer derramó el costoso frasco de alabastro sobre la cabeza de Jesús, éstos dicen: «Se podría haber empleado mejor ese dinero».

No se escuchan muchos sermones en contra de la idolatría. Sin embargo, la Biblia habla más de este pecado que de cualquier otro. Tres de los cuatro primeros de los diez mandamientos —el primero, el tercero y el cuarto— tratan este pecado desde un enfoque general, y el segundo mandamiento lo trata de una manera particular. No obstante, es necesario un nuevo entendimiento de la *idolatría* en la iglesia actual. Idolatría es mucho más que inclinarse ante una imagen pagana. Idolatría es sencillamente vivir para algo que no sea Dios. Solamente él merece nuestro compromiso definitivo, toda nuestra devoción y adoración.

Así pues, si se encuentra usted sin fondos, pregunte al Señor si el dinero ha llegado a ser demasiado importante para usted. No digo esto para hacerlo sentir condenación. Dios no condena, pero sí corrige y llama al arrepentimiento. Aún cuando corrige, es amable y perdonador. Él le ama y quiere que viva de una manera plena y feliz. Pero sabe que eso sólo será posible cuando él ocupe el trono en todos los ámbitos. Por lo tanto, en su gran amor, él puede retener el dinero hasta cuando usted ordene correctamente sus prioridades.

2. ¿He fallado en cumplir su voluntad?

Esta es una cuestión muy obvia, pero bastante descuidada. Digamos, por ejemplo, que el propietario de una estación de servicio automotor se ausenta por unas vacaciones muy largas y le pone a usted al cargo del negocio mientras él está de viaje. Le enseña lo que tiene que hacer: echar combustible, cambiar el aceite, y realizar pequeñas reparaciones en los automóviles. Pero después de su partida, a usted se le ocurre una buena idea: ¿por qué no abrir un restaurante dentro de la zona de servicio?

Pronto empieza a vender perros calientes, rosquillas y helados. Pero surge un problema: tiene escasez de personal y los clientes que acuden para hacer el mantenimiento de sus vehículos han de esperar largo rato y al final se van disgustados. Aunque usted vende muchos perros calientes, los ingresos van disminuyendo y no puede pagar al proveedor de la gasolina, con lo que acaba cerrando las bombas de combustible.

Cuando regresa el propietario, su deuda ha aumentado, lo que le sitúa en una grave crisis económica. Entonces solicita al dueño más capital para ayudarle a salir del apuro, pero él se lo niega. ¿Por qué? Porque él es el dueño de la estación de servicio y no le dio autorización para vender perros calientes, sino gasolina. El dueño no sería prudente si se hiciera cargo de su presunción, ¿no le parece? Tampoco Dios sería prudente si suscribiera todos los deseos e ilusiones que emprende la gente en su nombre. Hay una gran diferencia entre *fe y presunción*. La fe se basa en oír la voz de Dios y obedecerla. La presunción puede parecer espiritual exteriormente, tal vez algo que uno «hace para Dios», cuando, en realidad, todo lo ha decidido por sí mismo, sin consultarle a él.

3. ¿Estoy endeudado?

«No debáis a nadie nada, sino el amaros unos a otros» (Rom. 13:8).

Las deudas pueden ser causa de dificultades económicas. Dios, en su amor, retiene el dinero hasta cuando usted corrija su actitud, y aprenda a vivir en una manera responsable con la provisión que él le envía.

¿Significa esto que todo tipo de préstamo es equivocado? Si no hemos de deber nada a nadie, ¿podremos adquirir alguna vez propiedades mediante hipotecas o comprar autos a plazos?

En las Escrituras hay dos extremos: *legalismo y liberalismo.* La Biblia establece verdades absolutas, tales como los Diez Mandamientos y la declaración que hizo Jesús de que nadie puede llegar a Dios Padre sino a través de él. El liberalismo toma las verdades absolutas y las transforma en relativas, diciendo, sí, Jesús es *un* camino hacia Dios, pero hay otros.

Es cierto que hay principios bíblicos que son *verdades relativas* —preceptos relativos a situaciones o culturas— cosas como la exhortación de 1 Corintios 11 acerca de que los hombres no deben dejarse crecer el pelo. Algunos leen este versículo y caen en el legalismo, convirtiendo un precepto bíblico relativo en una *verdad absoluta.* Pero si Dios estuviera en contra de que los hombres lleven el pelo largo, ¿estuvo también en contra de Sansón, Juan el Bautista y todos los que hicieron el voto nazareo? De igual manera, si la exhortación de «no deber a nadie nada», de Romanos 13:8, fuera un absoluto bíblico, ¿por qué manda la Biblia prestar a los pobres en Deuteronomio 15:87? Si el pobre acepta tu préstamo, ¿no estará desobedeciendo a Dios?

Lo que Dios nos ordena en Romanos 13:8 es que debemos estar al día, no incurrir en retrasos respecto a nuestras obligaciones. Es prudencia económica pedir prestado lo que uno razonablemente puede devolver, y sólo pedir préstamos para comprar cosas con valor líquido, que puedan volver a venderse para pagar la deuda si uno es incapaz de cumplir con su obligación. Es decir, pida dinero prestado para comprar un vehículo, pero no caiga en la trampa de pedir un préstamo para comida u otros artículos consumibles, jugando así con su futuro. No estoy diciendo que no deba nunca usar tarjetas de crédito. Si puede mantenerse al día sin acumular más deuda de la que pueda pagar, no estará desobedeciendo la exhortación de no deber nada a nadie.

Este precepto también se puede interpretar desde otros ángulos, otras causas que explican la falta de provisión económica de Dios. Puede deber algo porque engañó a alguien, le robó o le ofendió de alguna manera. Podría deber al gobierno por haber mentido en su declaración de renta. Y el mero hecho de que estas cosas sucedieran antes de que usted fuera cristiano no le exime de la necesidad de hacer restitución.

Por ejemplo, yo podría robarle el auto, pintarlo de otro color y pasearme con él por ahí. Mientras tanto, me convierto al Señor, pero sigo conduciendo su auto, aunque sea de distinto color. Un día usted se aproxima accidentalmente al auto y reconoce un pequeño golpe en el parachoques trasero y una grieta en el parabrisas. Usted me confronta y me dice: «Este auto es mío». Yo le podría replicar: «Sí, hermano mío, pero yo le robe el auto antes de convertirme a Jesús. ¡Y eso ya está cubierto por su sangre!»

Probablemente, usted no permitiría que yo me marchara con esa excusa, ni tampoco Dios. Quizás él esté reteniendo su provisión económica para usted, esperando que obedezca ese pellizco de conciencia y rectifique una falta grave cometida hace tiempo.

4. ¿He estado pagando el diezmo?

El capítulo tres de Malaquías dice que a Dios se le roba si no le da la décima parte de los ingresos de manera regular. Si le obedecemos y diezmamos, Dios promete, en Malaquías 3:11, «reprenderé al devorador, y no destruiré el fruto de la tierra, ni vuestra vid en el campo será estéril». Si sus recursos están siendo *devorados*, probablemente no esté obedecido diligentemente a Dios en esta area.

5. ¿He sido generoso?

La generosidad comienza después de haber pagado todos sus diezmos. Si usted padece una grave escasez de fondos, puede deberse a que recibe en la misma medida en que usted da, escasa y lentamente, en vez de dar pródiga y diligentemente, dirigido por el Espíritu Santo. Segunda de Corintios 9:6 asegura: «El que siembra escasamente, también segará escasamente».

Cuando se encuentre en medio de una necesidad económica, pida al Señor que le enseñe cómo debe de dar. Quizá él le conceda el dinero y le pida que lo vuelva a dar —varias veces incluso— hasta cubrir su necesidad. O podrá regalar objetos que usted estime, si es guiado por Dios, para vencer un espíritu de codicia tras un combate espiritual. Sólo el espíritu opuesto vence al enemigo en cualquier situación. Si usted ora contra el diablo pero retiene dineros destinados a la obra del Señor, puede que sea necesario vencer ese espíritu de codicia mediante un acto de generosidad de su parte.

Dos jucumeros argentinos, José y Rosana Liste, iniciaron un ministerio en un lugar de su país llamado Resistencia, una región muy pobre. Cuando llegaron allí les sorprendió mucho la pobreza reinante. Algunos niños indigentes llamaban a su puerta para pedir comida; ellos compartían lo que tenían, pero tenían dificultades para alimentar a sus tres hijos, los cinco miembros de la familia recibían el equivalente a veinte dólares de apoyo mensual.

A los argentinos les encanta celebrar barbacoas los domingos. Un domingo de abril, los Liste volvían a casa de la iglesia, y percibieron el olor a carne asada. «Papá —exclamó uno de los niños—, quiero comer carne asada en brasas. La mamá se echó a llorar, y José se sintió impotente. No tenían dinero y casi no les quedaba nada en casa para comer.

Poco después de llegar a casa, llamaron a la puerta. Era un niño de nueve años que solía pedirles comida. Esta vez iba acompañado de sus dos hermanos. ¿Qué podrían darles? Entonces Rosana se acordó de los cinco mil que comieron con dos peces y unos panes. Ella y José buscaron en las alacenas. Lo único que encontraron fue cuatro paquetes de lentejas de medio kilo. Las pusieron en una olla y preguntaron a los vecinos por los niños más pobres. Eran treinta y seis. José y Rosana les invitaron a comer y Dios multiplicó las lentejas milagrosamente. A partir de aquel momento comenzaron a alimentar diariamente a los niños del vecindario. Cada día se producía un milagro y nunca volvió a faltar la comida. Los niños han continuado llegando —ahora alimentan a más de cien y a algunas madres— y también el apoyo mensual ha aumentado un poco. Ahora reciben sesenta dólares. Esta cantidad es muy inferior a la que necesitan para hacer lo que están haciendo.

Cuando le preguntan a José cómo se las arregla para ofrecer comida a tantos niños, se encoge de hombros y sonríe. «No lo sé...pero lo hacemos». Piden a los granjeros algo de ayuda y acuden a los comerciantes en busca de la comida que les sobra. Un cazador les regaló unas cuantas palomas, José imita a los niños chupándose los dedos. Todos los días son diferentes, pero Dios nunca ha dejado de proveerles.

Nunca asuma que por trabajar en el ministerio evangelístico está exento de dar. Todo cristiano debe dar. La dádiva puede ser la clave de su progreso económico. También, cuando confíe en Dios por su provisión diaria, evite caer en la trampa de una «mentalidad de pobreza». Sea generoso, pague la cuenta en el restaurante siempre que sea posible. No importa si el que se beneficia de su generosidad tiene ingresos millonarios. Usted es un digno representante del reino de los cielos.

6. ¿He sido agradecido con la provisión de Dios?

Lo más importante para Dios es la formación del carácter de Cristo en nosotros. Las personas solemos concentrarnos en nuestras propias necesidades, aun cuando él siempre sea capaz de proveer con abundancia. Él podría hacer por nosotros lo que hizo por Elías —usar cuervos que nos proporcionen churrascos en el desierto, y enviar ángeles para servirnos y preguntarnos: «¿más salsa, amigo?» Sin embargo, el Señor está más interesado en transformarnos a su imagen, que en alimentarnos físicamente. La gratitud por lo que ya nos ha dado es una parte muy importante del aprendizaje de sus caminos y su carácter.

En el Antiguo Testamento, los levitas comían de las ofrendas que el pueblo llevaba al templo, aunque éstas seguían siendo sagradas. En Levítico 22:2, Dios ordena a los sacerdotes: «que se abstengan de las *cosas santas* que los hijos de Israel me han dedicado».

Lo que el pueblo da hoy para la obra del Señor debe ser considerado santo y sagrado. A veces resulta difícil, cuando es obvio que alguien no ha dado lo mejor que tiene para la obra del Señor.

Se cuenta de un predicador a quien uno de sus parroquianos le regaló un costal con tres arrobas de manzanas. Cuando le preguntaron si su familia las había disfrutado, el predicador respondió: «Estaban en el punto justo. Si hubieran estado mejores, no nos las habrían dado; y si hubieran estado peores, no habríamos podido comerlas».

En serio, hay ocasiones en las que el Señor pone a prueba nuestro agradecimiento. En los primeros días de la Universidad de las Naciones, en Kona, Hawai, atravesamos periodos de estrechez económica. En uno de ellos tuvimos que comer pez espada todos los días por tres meses. Era la provisión de Dios para nosotros, regalo de unos pescadores. ¡Nuestros cocineros soñaban con múltiples formas de preparar el pescado! Lo comimos asado, frito, con crema y arroz, con lasaña, tacos e incluso enchiladas. Pudimos identificarnos con los israelitas que se cansaron del maná.

Pero los tiempos han cambiado para nosotros en Kona. Algo no iría bien si después de quince años siguiéramos comiendo pez espada, a menos que Dios nos llamara a hacerlo de por vida, por algún motivo. Los días del pez espada fueron días precursores, y las bendiciones espirituales de aquellos días fueron verdaderas fiestas. Nos deleitábamos en lo que Jesús estaba haciendo en nuestro medio, en cómo nos hablaba y nos guiaba, no en lo que veíamos en los platos cuando nos sentábamos a comer.

7. ¿He sido fiel en lo poco?

La parábola de los talentos referida por Jesús en el Evangelio de San Mateo 25, es uno de los pasajes más importantes de la Escritura, en relación con la economía. Los dos siervos que invirtieron su capital sabiamente recibieron más. Al que no lo hizo le fue arrebatado el único tesoro que tenía. El amo dijo a cada siervo productivo: «Bien, buen siervo y fiel...sobre poco has sido fiel, sobre mucho te pondré» (versículo 23).

El principio de ser fiel en lo poco —antes de recibir responsabilidad sobre mucho—, actúa en muchas esferas de la vida. Dios, en su fidelidad, no nos someterá a la prueba de confiarnos mucho dinero hasta que hayamos sido fieles en los centavos. Dios dice en su Palabra: «...los que menospreciaron el día de las pequeñeces?» (Zac. 4:10). No hemos de despreciar el día de los pequeños comienzos, sino ser fieles en él. Cualquier meta o proyecto que Dios haya puesto en su corazón, no será desatado hasta cuando supere la prueba en el día de las cosas pequeñas.

Yo aprendí el principio de la fidelidad en las cosas pequeñas de manera clara cuando confiábamos en la provisión de Dios para comprar nuestra primera propiedad en Suiza.

Habíamos planeado una reunión especial de oración y una ofrenda entre nosotros para pagar la primera cuota del hotel. La víspera de la ofrenda yo me encontraba en la ciudad de Lausana, echando un vistazo en un centro comercial. Los ojos se me fueron detrás de un traje deportivo estupendo, rebajado a un precio equivalente a veinte dólares. Todas las mañanas yo salía a correr con un traje deportivo viejo, de aspecto desaliñado. Los suizos pasaban a mi lado con trajes impecables y yo deseaba uno mejor para salir a correr.

Un pensamiento me vino a la mente mientras estaba en los almacenes: *Será mejor que compre uno hoy mientras tengo los veinte dólares. Dios podría pedirme dar todo el dinero en el tiempo de oración*. Me di prisa en comprarlo.

Ya está —pensé al salir del centro comercial, con la bolsa bajo el brazo—; *está hecho*. Fui a correr aquella misma tarde para confirmar que era propietario del nuevo traje deportivo. Al día siguiente me senté al frente de la sala de conferencias. Dirigí la reunión, como de costumbre, y después insté a todos los presentes a esperar en el Señor para hacer lo que él nos dijera. En el silencio de la sala, Dios me habló al pensamiento.

—No puedo «desatar» sesenta mil dólares para comprar el hotel, Loren.

—¿Por qué, Señor?

—Porque ni siquiera puedo confiarte veinte dólares.

Me quebranté al ver mi obstinación de corazón. En efecto, eran míos los veinte dólares, pero me di prisa en gastarlos antes de que Dios me pidiera echarlos en la ofrenda. Apesadumbrado me puse de pie, y confesé lo que había hecho al personal y a los alumnos. Después oré y pedí perdón a Dios.

¿Me hubiera permitido Dios comprarme aquel traje deportivo si yo se lo hubiera preguntado antes a él? Tal vez sí. Pero no fui lo bastante fiel como para preguntárselo. No obstante, en su misericordia, él me perdonó. También nos pidió, a Darlene y a mí, como yo había supuesto, que diéramos todo lo que teníamos en la ofrenda, incluido lo de la cuenta bancaria y la renta de la propiedad que poseíamos en California, nuestro nidito. En un capítulo anterior ya referí otros pasos de obediencia que tuvimos que dar y cómo lo que faltaba para alcanzar los sesenta mil dólares llegó por correo el mismo día de la fecha tope de pago.

8. ¿He desobedecido algo que Dios me ha mandado?

Antiguamente, cuando un tren se descarrilaba, los ingenieros tenían que arrastrarlo hasta el punto en donde se había salido de la vía para colocarlo sobre los rieles. No podían levantarlo con una grúa y ponerlo sobre la vía en el punto donde el tren se había detenido.

A veces, la falta de dinero puede ser una señal divina que indica que nos hemos salido de la vía en algún lugar. Es sorprendente ver cómo el dinero llama la atención, aunque uno ignore los avisos de la conciencia. Dios lo sabe, y en su amor y su misericordia por cada uno de nosotros, a veces retiene su provisión hasta que le busquemos y nos arrepintamos.

En la Escritura, la desobediencia está ligada a la incredulidad. Hebreos 3:18 afirma que a los hijos de Israel *no se les permitió entrar en la Tierra Prometida por causa de su desobediencia.* Y el versículo siguiente dice: «Y vemos que no pudieron entrar a causa de incredulidad». La desobediencia conduce a la incredulidad de forma natural. Un ateo lo es porque ha desobedecido a la verdad revelada en el pasado. Hasta cuando no esté dispuesto a confesar su desobediencia y comience a obedecer a Dios, no podrá volver a tener fe.

A los cristianos les puede resultar más difícil el discernir su propia incredulidad. Alguno podría alegar: «Pero yo creo en Dios y creo en su Palabra». Sí, ¿pero cuánto le cuesta tener fe para creer que él va a hacer algo concreto que le va a suceder hoy? Usted puede tener un problema de incredulidad que brota de la desobediencia.

9. ¿He pedido a Dios que supla mi necesidad?

Esto parece casi obvio, ¿no es cierto? Pero, ¿le ha pedido a Dios que satisfaga sus necesidades? Santiago 4:2 asegura: «No tenéis lo que deseáis porque no pedís». Muchas veces asumimos que Dios conoce todo lo concerniente a nuestras necesidades y esperamos, sin más, que él nos provea. Puede que él este esperando algo tan sencillo como una petición. Tampoco tiene por qué apartar diez días para orar y ayunar para pedirle algo. Pídaselo sin más.

10. ¿Estoy interesado en aprender lo que Dios está intentando enseñarme o me intereso más en ver mis necesidades satisfechas?

Esto es importante. Después de haber vivido más de treinta años confiando en señales invisibles de apoyo, puedo decirle que no es fácil responder esta pregunta. Aún recuerdo los sentimientos que tuve en cierta ocasión. Un grupo de jucumeros orábamos para poder pagar varios miles de dólares de alquiler por nuestras escuelas. Estábamos desesperados. Varios alumnos se habían retrasado en el pago de sus mensualidades; sólo podíamos comprar alimentos para un día. Ya no quedaban reservas.

Mientras orábamos, Joy Dawson —una de nuestras profesoras— se puso de pie y declaró: «Oh Dios, te pido que no nos proveas el dinero que necesitamos hasta cuando todos nosotros hayamos aprendido lo que estás tratando de enseñarnos». Debo admitir que en ese momento yo había aceptado que algunos alumnos dejaran para más adelante el aprender lo que Dios quería enseñarnos. Eran como las 9 de la mañana cuando comenzamos a orar. Estuvimos en la presencia de Dios y le preguntamos qué debíamos hacer. El Espíritu Santo comenzó a inspirarnos y convencernos de algunas desobediencias, y mostrarnos las decisiones radicales que debíamos tomar. La oración continuó hasta la 1:30 de la tarde. Luego Dios nos guió a recoger una ofrenda entre nosotros, pese a que sólo fuéramos seis alumnos y algunos pocos del personal administrativo. En aquel grupo se donaron más de tres mil francos suizos (como unos setecientos dólares). Esa cantidad, más lo que se recibió de fuera de la misión, satisfizo la necesidad por la cual estábamos orando.

Esto sucedió hace veintiún años, pero todavía hoy tengo que buscar a Dios cuando pasamos por crisis económicas y decirle: «¿Estoy más interesado en aprender lo que estás intentando enseñarme, que en ver satisfechas mis necesidades? Lo que Dios nos enseña se incorpora a nuestro carácter y a nuestro conocimiento de él. Estos son los tesoros celestiales de Mateo 6:20 que estamos acumulando. Estos tesoros jamás nos serán arrebatados. En la eternidad, de aquí a millones de años, seguiremos utilizando las mismas verdades que Dios nos está intentando enseñar hoy.

11. ¿Hay pecado en el grupo?

Esta es una pregunta obligatoria si usted dirige un grupo u organización que ha tenido que enfrentarse a necesidades insatisfechas. La frase «pecado en el grupo» procede de la historia que relata Josué 7, de la derrota ante Hai, por causa del pecado de un hombre: Acán. La de Hai debía de haber sido una batalla fácil, pero se perdieron treinta y seis hombres. Josué se postró sobre su rostro para preguntar a Dios por qué les había abandonado. El corazón del gran guerrero se ablandó cuando enumeró delante de Dios todos los desastres previsibles. «¡Ah, Señor Jehová! ¿Para qué hiciste pasar a este pueblo el Jordán? —se lamentó—. Porque los cananeos y todos los moradores de la tierra oirán...y borrarán nuestro nombre de sobre la tierra. Seremos destruidos».

El Señor dijo a Josué que se levantara, porque había algún pecado en el grupo. Él se lo mostraría. Y efectivamente, mediante un proceso de eliminación sobrenatural, se fue arrinconando al autor: primero su tribu, luego su familia, después su vivienda, y finalmente, el hombre: Acán.

Si usted es un responsable de un grupo, no tendrá que contratar a un detective o lanzar una campaña de sospechas cuando el Señor le muestre que hay pecado a su alrededor, lo cual es causa de la retención de sus bendiciones. Él lo aclarará a su manera. A veces nos llama la atención con «bendiciones mixtas», similares a la que Amós describió en el capítulo 4, versículo 7, de su libro, en el cual llovió tanto en una ciudad como en otra.

En uno de nuestros grandes centros de JUCUM, donde cada departamento cuenta con su propio presupuesto, uno de los departamentos tuvo problemas económicos por varios meses. Los responsables procuraron conocer mejor las necesidades y planificar adecuadamente. Sin embargo, este departamento no sólo se movía con saldos en rojo, sino que también tenía «mala suerte». Sufría averías mecánicas y toda clase de contratiempos.

Entonces los responsables oraron y buscaron la ayuda del Señor. Y entonces se descubrió: un miembro del personal admitió haber tenido relaciones inmorales con una joven. Una vez que solucionó el problema de su pecado, el departamento volvió a funcionar perfectamente y dejó de tener saldos en rojo.

Es importante señalar que esta cuestión es sólo pertinente cuando un grupo sufre reveses económicos que serían de otro modo inexplicables. Debemos ser muy cuidadosos. Se puede hacer mucho daño si se sospecha que existe pecado en el grupo, cada vez que hay una dificultad económica.

Recuerde también que la provisión de Dios para usted no depende de la obediencia de otros, sino de la suya. Aunque otros sean desobedientes a Dios, él encontrará una manera de satisfacer su necesidad.

12. ¿Estoy recogiendo las consecuencias de pecados cometidos en el pasado o de decisiones erradas?

Una de las causas posibles de las dificultades económicas es cosechar las consecuencias de los pecados cometidos en el pasado. Aun cuando Dios nos perdona cuando confesamos nuestros pecados, muchas veces se siguen recogiendo los frutos de ese pecado. En cincuenta y cuatro versículos de Deuteronomio 28, la Biblia da una lista de«maldiciones» o formas de cosechar las consecuencias del pecado. Muchas de las maldiciones mencionadas en este capítulo son económicas: «Maldita tu canasta...el fruto de tu tierra, y la cría de tus vacas y los rebaños de tus ovejas serán malditos». Estas maldiciones son inherentes. Dios no tiene que intervenir para enviarlas sobre usted; sobrevienen automáticamente, como resultado de ciertas acciones.

¿Por qué envía Dios tales maldiciones? ¿No es él un Dios de amor? Sí, lo es. Precisamente por su gran amor por nosotros añade consecuencias al pecado. Él sabe que nada nos hace tanto daño como el pecado. Cuando tenemos que vivir acarreando las *consecuencias* del propio pecado y cosechando sus frutos (después incluso de haber recibido el perdón de Dios), se genera en nosotros un odio hacia el pecado. Alguien dijo en cierta ocasión que la ley sin consecuencias es sólo un consejo. Si sufrimos las consecuencias, será menos probable que volvamos a pecar otra vez.

Otra posibilidad es que se cosechen frutos de decisiones imprudentes, no pecaminosas. ¿Qué hacer entonces? En cualquier caso, pida a otros que oren con usted. Tales maldiciones, o consecuencias, pueden ser eliminadas, aliviadas, o cortadas mediante la oración intercesora de otras personas.

13. ¿Me he esforzado en el trabajo?

Un joven pastor fue a visitar a otro con más experiencia para pedirle consejo acerca de su necesidad económica y las de su pequeña iglesia. El pastor más entrado en años le pidió que le contara lo que hacía en una semana típica. «Bueno, tengo una pequeña congregación, solo cinco o seis adultos. Lo primero que hago es preparar el mensaje del domingo. Eso me lleva unas cuantas horas. Después hago algunas visitas. El resto de la semana juego al golf y hago otras cosas». Entonces el viejo le respondió: «En realidad, está muy bien pagado, pero Dios le paga por horas».

Es decir, hay que poner manos a la obra. El joven no estaba trabajando esforzadamente. Trabajar para el Señor significa que hay que esforzarse. Vivir con medios de apoyo provenientes de los diezmos significa que usted debe ser el más responsable, el más esforzado de todos. La Escritura condena rotundamente la pereza y los pecados relacionados: la gula y la bebida. He aquí algunos versículos para recordar:

El que labra su tierra se saciará de pan; mas el que sigue a los ociosos se llenará de pobreza (Prov. 28:19).

Porque el bebedor y el comilón empobrecerán, y el sueño hará vestir vestidos rotos (Prov. 23:21).

Si alguno no quiere trabajar, tampoco coma (2 Tes. 3:10).

Dios ha puesto en el corazón de las personas el deseo de ser productivas. Por supuesto, hay personas que no pueden trabajar. Debemos compadecernos de ellas y ayudarlas. Pero nunca debemos alentar la irresponsabilidad. A casi todo el mundo se le pueden dar tareas útiles.

14. ¿He tocado la gloria de Dios?

Esta es una expresión bíblica que significa sustraer la honra debida a Dios y desviarla hacia uno mismo. Este fue el caso en 1 Crónicas 29:11-12:

Tuya es, oh Señor, la magnificencia y el poder, la gloria, la victoria y el honor; porque todas las cosas que están en los cielos y en la tierra son tuyas. Tuyo, oh Señor, es el reino, y tú eres excelso sobre todos. Las riquezas y la gloria proceden de ti, y tú dominas sobre todo; en tu mano está la fuerza y el poder, y en tu mano el hacer grande y el dar poder a todos.

El éxito lleva implícito un peligro en todas las esferas de la vida, incluida la del ministerio del evangelio. Es posible desviar sutilmente hacia nosotros la atención debida a Jesús. Los problemas económicos son una de las maneras que usa el Señor para indicarnos que algo va mal.

15. ¿He sido independiente y orgulloso?

Se cuenta que una vez un creyente devoto quedó atrapado en unas inundaciones. Pero rehusó ser evacuado. Estaba resuelto a demostrar que Dios lo libraría. Las aguas subieron de nivel y el hombre acabó subiéndose al tejado de su casa, y oró pidiendo un milagro. Tres veces se acercó una barca para rescatarle, pero él la despachó. Finalmente fue arrastrado por las aguas y se ahogó. Cuando llegó a las puertas del cielo estaba indignado.

—Señor, ¿por qué no respondiste a mi fe? —cuestionó.

El Señor le respondió: «¡Tres veces te envié la barca y te negaste a subir en ella!».

A veces pedimos al Señor que cubra una necesidad y rehusamos su ayuda cuando nos la envía. Quizás tengamos una idea preconcebida de cómo él deba satisfacer esa necesidad. Puede que no estemos dispuestos a humillarnos y a pedir a otros que nos ayuden a desempeñar mejor nuestro ministerio. Puedo decir que quiero tener más fe, cuando en realidad lo que estoy diciendo es: «no quiero depender de otros; quiero ser autosuficiente».

La independencia es un respetado rasgo del carácter de una persona. Pero esta fortaleza puede también convertirse en pecado. Satanás tentó a Eva apelando a su independencia. La serpiente le prometió: «Seréis como Dios».

Dios quiere que dependamos de él y seamos interdependientes los unos de los otros. Si actuamos con espíritu independiente, él puede demorar los recursos para llamarnos la atención.

16. ¿He esperado que la gente supla mis necesidades en vez de Dios?

La Biblia llama a esto depender del «brazo de carne» (2 Cró. 32:8; véase también Jer. 17:5). Puede ser que sobrevenga un cambio gradual con el paso de los años. Se comienza con una fe sencilla, sin tener ni idea de dónde procederá el dinero para sostener nuestro ministerio. El Señor, en su fidelidad, usa a alguien que nos presta apoyo. A medida que esto se repite, podemos gradualmente desviar nuestra dependencia de Dios hacia la persona que nos presta la ayuda. Podemos caer incluso, de manera inconsciente, en una comunicación manipuladora, un *ministerio de insinuaciones* o de peticiones directas.

Quizá, inconscientemente, hayamos dejado de confiar en Dios y puesto la confianza en el hombre. Pero de pronto algo sucede a nuestra fuente de ingresos —un fiel sostenedor económico pierde su empleo y nos escribe para comunicarnos que no puede seguir apoyándonos. O una iglesia que nos ha apoyado pierde varios de sus miembros más generosos, o se trasladan a otro lugar, o cambia el vecindario. Entonces nos enfrentamos al hecho de haber confiado en la gente, no en Dios. Es más, la idea de volver a tener confianza en Dios se torna bastante amedrentadora.

Esto es lo maravilloso de la vida de fe. Nunca podemos alejarnos demasiado de nuestra dependencia de Dios. Él puede usar la necesidad económica para llamarnos la atención e inducirnos a volver a confiar en él.

17. ¿Tengo temor del futuro?

Muchos están tan atados por el temor al futuro que no pueden dar un paso y obedecer a Dios. Rechazan su llamado y desobedecen quedándose donde están, por miedo al futuro.

El temor del futuro es una cosa terrible, ya que va en aumento. ¿Cómo puede uno saber que tiene un seguro fiable y suficientes ahorros? ¿Ha invertido correctamente? ¿Ha pensado en cualquier contingencia? Esta clase de inseguridad crece hasta convertirse en una atadura paralizante.

«El perfecto amor echa fuera el temor», según 1 Juan 4:18. Podemos volvernos a Jesús y ser completamente libres del temor. Podemos confiarle nuestro futuro. Todas las demás cosas son inseguras en última instancia. ¿Está poniendo su confianza en los ahorros? ¿Qué ocurre si las instituciones financieras respaldadas por los programas de gobierno acaban en la bancarrota? ¿Y si se hunde la economía mundial?

Digamos de paso que estas no son ideas rebuscadas o inverosímiles. En los últimos años hemos sido testigos de ascensos y caídas économicas en muchos países del mundo. Esto es en parte debido a veloces sistemas de telecomunicaciones computarizados que vinculan los centros financieros y comerciales del mundo. Un «hipo» financiero puede causar pánico en todo el mundo en cuestión de minutos. Si usted pone su confianza en los sistemas del mundo, éstos le fallarán. Pero Jesús es mayor que el mundo que creó, más grande que el universo que sostiene a cada segundo con el poder de su palabra (Heb. 1:3).

El temor al futuro puede ser causa de escasez económica. La palabra de Dios afirma: «No os afanéis por el día de mañana... Basta a cada día su propio mal (Mat. 6:34). Esto no quiere decir que sea malo ahorrar o invertir para el futuro. José fue llamado a administrar en Egipto, y a preparar un plan de ahorro apartando el 20 por ciento para el futuro. Escuche al Señor y haga lo que él le mande, aunque le pida que gaste sus ahorros para disfrutarlos hoy, o dárselos a otro.

CAPÍTULO 15

Si uno se despeña por el precipicio

Si usted vive una vida de fe, su vida se basará en el conocimiento de quién es Dios. La confianza en alguien se basa en el conocimiento de su carácter, en la seguridad de que va a cumplir lo que ha prometido. ¿Cómo es el Dios a quien usted sirve? ¿Esta persona de quien depende para satisfacer sus necesidades cotidianas? *Padre*, es uno de los nombres que mejor le convienen. Él es su padre, un padre bueno, el mejor que hay en el universo.

Los buenos padres proveen para sus hijos. Los buenos padres también responden sus preguntas. Cuando algo va mal, cuando el dinero deja de entrar, acuda a su Padre celestial en oración y pregúntele qué es lo que está causando la retención económica. Si se encuentra sin dinero, puede ser por una de las causas mencionadas. O por alguna otra razón. Lo primero que debe de hacer es pedirle a Dios que le de sabiduría. Proverbios 4:7 aconseja: «Adquiere sabiduría y sobre todas tus posesiones adquiere inteligencia». Hay muchos que no hacen esto. Buscan la guía de Dios para hacer algo y, si no funciona, desisten sin detenerse a investigar por qué. La próxima vez que sienten el reto de hacer algo, intentan confiar en Dios y perseverar, pero no pueden. La falta de respuestas a sus preguntas les roba la fe. Vivir por fe significa saber por qué las cosas no salen bien. Aprender a vivir por fe en Dios significa hacer preguntas. A Dios no le intimidan nuestras preguntas ni nuestros fracasos. No se sorprende con nuestra falta de entendimiento. Él nos conoce mejor que nosotros mismos. Responderá toda pregunta honesta y no se enfadará cuando le preguntemos. No es pecado hacerle preguntas a Dios.

Job no temía, por supuesto, hacer preguntas a Dios. Experimentó grandes apuros económicos, sufrió la tragedia de perder a todos sus hijos y padeció a causa de una enfermedad debilitante. La Biblia dice que a pesar de todo ello, Job nunca pecó con sus labios. Y, sin embargo, hizo preguntas a Dios... muchas preguntas... en voz alta.

Si usted ha examinado los diecisiete puntos del capítulo anterior y sigue ignorando por qué se ha despeñado por el abismo —económicamente hablando—, pregunte a Dios si está siendo atacado por Satanás. Si es algo que el diablo urdió contra usted, de lo cual no es responsable. Entonces podrá fácilmente resistirle con la autoridad que Jesús le ha conferido como creyente. Ordene al diablo que se aparte de usted, según Santiago 4:7. Luego pida a Dios que le muestre cómo contrarrestar los ataques de Satanás actuando en el espíritu opuesto. Si Satanás se ha movido contra usted con codicia, pregunte a Dios a quién y qué puede dar. Si Satanás ha recurrido al temor, confróntele con fe y amor. Si le ha atacado con rechazo, actúe perdonando y aceptando a otros.

Qué hacer mientras llega el dinero

Es posible que haya otra causa del atolladero económico. Puede que usted haya hecho todas las cosas bien, que Dios le haya hablado verdaderamente, que usted le haya obedecido escrupulosamente y que, aún así, el dinero no llegue. Puede ser que Dios quiera probarle para ver si va a permanecer fiel en medio de la dificultad (Véase Deut. 8:2).

Las pruebas siempre requieren el factor tiempo. La provisión económica podrá parecer tardía, pero el calendario de Dios es diferente. Espere en él, y sea consciente de que la prueba de su fe produce perseverancia (Sant. 1:3). Resuelva no rendirse y vencer creyendo y confiando en Dios.

Mientras espera para recibir la provisión de Dios, recuerde la fidelidad de él para con usted en el pasado. Esta es una buena razón para escribir un diario. Si ya lo está haciendo, ábralo y repase las ocasiones en que ha visto a Dios intervenir en su favor. Si no, acuda a un amigo o cónyuge y pídale que le ayude a recordar todo lo que Dios le ha provisto en el pasado: ¿Recuerdas cuando nos quedamos sin nada y teníamos facturas que pagar y recibimos aquel dinero inesperado, justo a tiempo? *¿Recuerdas cuando nuestra niña necesitaba ser operada y no teníamos seguro médico, y la gente del barrio decidió recoger una donación para ayudarnos?*

Esto mismo ocurría en el Antiguo Testamento. Cuando tenían una batalla por delante u otra crisis, el líder recordaba al pueblo las proezas que Dios había hecho. Mucho espacio dedica la Biblia a conmemorar tales efemérides. ¿Se ha preguntado alguna vez por qué Dios permitió tanta repetición? ¿Por qué se repiten en Nehemias capítulo nueve los mismos eventos que en Éxodo capítulo catorce? Dios nos muestra un camino para vencer, una forma de afrontar las batallas y edificar nuestra fe mientras esperamos su intervención. Gracias a Dios por suplir nuestras necesidades pasadas. Muchas veces sólo notamos la provisión diaria de Dios cuando ésta se corta.

Mientras espera la provisión de Dios, no culpe a otros de su necesidad. Los que echan la culpa a otros nunca obtienen verdaderas respuestas. También pierden el gozo de vivir para el Señor. Evite también caer en la trampa de comparar su suerte con la de los demás. Un responsable de JUCUM me contó que una vez él y su familia fueron sometidos a una difícil prueba económica. Por aquel tiempo cursaban un programa de formación y notaron que sus compañeros tenían bastante dinero, no solo para pagar sus mensualidades, sino también para salir a comer y disfrutar de cosas que él y su familia no podían permitirse.

Mi amigo clamó a Dios: «¿Por qué, Señor? ¿Por qué ellos tienen tanto dinero y nosotros ni siquiera podemos comprar crema dental?» Dios le habló entonces de una manera muy gentil: *«Puedes usar sal para cepillarte los dientes»*.

Si cae en la costumbre de comparar su nivel de provisión con el de otra persona, puede perderse lo que Dios está intentando hacer en cierto momento de su vida. Este amigo aprendió que Dios estaba cubriendo sus verdaderas necesidades. Él estaba pasando por cierto periodo de su vida, un tiempo para aprender a depender de Dios de una manera nueva. Mi amigo se encuentra hoy en una fase distinta de su ministerio. Es uno de los líderes que mayor responsabilidad tienen en Juventud con una Misión a nivel mundial. Él y su familia han viajado por todo el mundo y han visto la provisión de la generosa mano de Dios.

Lo que no acertamos a ver, cuando nos comparamos con otros, es la fase en que se encuentran ellos y nos encontramos nosotros en relación a Dios. Si yo estoy siendo probado por Dios en el presente, no debo esperar que los que me rodean sean también probados al mismo tiempo o en la misma área. Si a todo el mundo le fuera igual, no habría ninguna prueba. La prueba llega cuando otros conducen autos nuevos y nosotros sólo podemos ir en bicicleta o tenemos que caminar.

En los tiempos de necesidad económica se reciben muchas bendiciones que de otro modo y en otro tiempo no se podrían recibir. En los tiempos de necesidad se adquiere fortaleza. También puede uno aprender a identificarse con los pobres como nunca antes lo hizo.

Jean Jacques Rousseau contó que una «gran princesa», justo antes de la revolución francesa, se enteró de que miles de personas se amotinaban en París y preguntó a qué se debía aquella conmoción.

—Señora —le respondieron—, es porque la gente no tiene pan para comer.

—Muy bien —repuso ella—. Si ese es el caso que coman tartas.

Muchos, como aquella princesa, están tan apartados de los necesitados que les cuesta trabajo comprenderles. Yo no creo que la princesa actuara con arrogancia. Más bien ignoraba por completo que los pobres no tuvieran nada que comer.

Dios puede usar los tiempos de necesidad temporal para afilarnos el interés, la compasión, y la empatía por los verdaderos pobres del mundo, por los muchos millones de hombres y mujeres que sufren lo que es verdadera carencia todos los días de sus miserables vidas.

Otra bendición que acarrean los tiempos de necesidad es aprender a distinguir la diferencia entre las necesidades auténticas y las ficticias. El amigo que se quejaba de no tener crema dental descubrió que podía cepillárselos con sal. En los tiempos de escasez uno puede dar gracias a Dios de que sus verdaderas necesidades estén siendo atendidas.

En los tiempos de carencia económica también se aprende la verdad de la Palabra de Dios, en Lucas 12:15, donde se nos advierte que la vida del hombre no consiste en los bienes que posee. Uno halla mayor gozo cuando no depende del dinero. Habacuc aprendió esta lección hace muchos siglos:

> *Aunque la higuera no florezca, ni en las vides haya frutos, aunque falte el producto del olivo, y los labrados no den mantenimiento, y las ovejas sean quitadas de la majada, y no haya vacas en los corrales; con todo, yo me alegraré en el Señor, y me gozaré en el Dios de mi salvación (Hab. 3:17-18).*

La falta de dinero ayuda a experimentar el gozo de ver cómo Dios provee todo lo necesario de formas diversas. Shirley Alman me contó un caso ejemplar de la bondad que Dios demuestra en tiempos de dificultad. Ella y su esposo Wedge han vivido en Sudamérica, en donde él ha trabajado como director de ministerios internacionales de JUCUM para el mundo de habla hispana. El incidente que Shirley me contó sucedió hace ya bastantes años, después de estudiar en el instituto bíblico, cuando pastoreaban una iglesia hispana en Alamogordo, Nuevo México.

Un día, las alacenas estaban vacías, limpias, agotadas. Sólo quedaban unas cuantas especias, pero éstas no constituyen una comida. Hacía algún tiempo que pasaban dificultades, y llegó por fin el día en que no tenían nada que comer. Shirley se sentó a la mesa de la cocina y clamó a Dios. ¿Qué podían hacer? Sus hijos estaban en el colegio y Wedge estaba trabajando en la construcción de una iglesia, por lo que llegaría a casa hambriento. ¿Qué iba a dar de comer a su marido y a sus cuatro hijos? Entonces se acordó de que Dios era su patrón, y que ellos le servían edificando una iglesia en un barrio pobre de la ciudad. ¿Por qué no escribir una lista de necesidades para que Dios la respondiera?

Shirley escribió una lista muy larga. Incluyó los ingredientes para preparar aquella noche su cena favorita a la mexicana. Luego asistió a una reunión de mujeres de la iglesia. Después acercó a algunas de ellas a sus domicilios, y una mujer invitó a Shirley a entrar un momento en su casa.

Cuando Shirley entró en la cocina se llevó una gran sorpresa. En el mostrador había varias bolsas de supermercado llenas de comestibles. ¡Para ella! Un rápido vistazo en las bolsas bastó para confirmar que contenían de todo menos harina. El corazón de Shirley estallaba de alegría cuando volvió al auto para llevar a casa a las demás pasajeras. Le resultó difícil guardar silencio, pero se obligó a hacerlo, no quería que las otras supieran la difícil situación que estaba atravesando. Ella conducía, pero en su interior iba preguntando a Dios: «¿Qué haré? ¡No puedo hacer tortillas mexicanas sin harina de maíz!»

Justo cuando la última mujer se bajaba del auto, le dijo: «Señora Alman, mi madre me dijo que tiene preparadas diez libras de harina para usted. ¿Le gustaría recogerlas ahora?» —Sí —dijo Shirley—, me las llevaré ahora.

Por último, cuando estuvo sola en el auto, empezó a cantar y alabar al Señor a grandes voces. De repente, se acordó de algo.

«¡Fríjoles!, Señor, ¡olvidé poner fríjoles en la lista! Shirley procuró recordar lo que contenían las bolsas, no creía que contuvieran fríjoles.

Una vez en casa, se puso a guardar cuidadosamente sus preciosos comestibles. Metió la mano en el fondo de una bolsa y ¡allí estaban los fríjoles! Dios se había recordado, aunque a ella se le hubieran olvidado.

Este tipo de provisión de Dios, tan personalizada, significa mucho más que si él nos diera dinero para comprar cosas. Él sabe si a su familia le gusta o no la comida mexicana. Él recuerda los fríjoles.

Dios no está limitado en la forma de suplir. Proveyó para los hijos de Israel haciendo que su calzado y sus prendas de vestir les duraran cuarenta años. Imagínese si hubiera hecho lo mismo por nosotros. ¡Podríamos haber vestido pantalones de campana por cuarenta años!

Pasar por un tiempo de necesidad económica restaura un sentido de confianza en Dios. Él quiere que nuestra experiencia no se base en lo que hizo por nosotros hace muchos años, sino en lo inmediato y lo reciente.

Por último, mientras espera la provisión económica de Dios, medite en el Salmo 37. Este salmo parece que fue escrito específicamente para los que atraviesan por dificultades económicas. Nos exhorta tres veces a *no impacientarnos* y confiar en el Señor, a descansar en él y esperar pacientemente su ayuda. Nos recuerda que no debemos tener envidia y asegura que la prosperidad de los impíos es temporal.

Según el Salmo 37, si usted cumple su parte: habitar en la tierra y hacer el bien, cultivar la fidelidad, deleitarse en el Señor, encomendarle su camino y guardar su ley en su corazón, Dios le promete las siguientes cosas:

- Concederle los deseos de su corazón.
- Hacer lo necesario en su vida presente.
- Exhibir su justicia.
- Exhibir su derecho.
- Darle la tierra por heredad.
- Deleitarle con abundante prosperidad.
- Juzgar a los impíos para hacerle justicia.
- Sostenerle.
- Darle una herencia perdurable.
- No será avergonzado en los tiempos malos.
- Incluso en medio de la hambruna, tendrá abundancia.
- Tendrá misericordia y dará; tendrá capacidad para satisfacer las necesidades de otros.

- Sus pasos estarán dirigidos por Dios.
- Cuando caiga no quedará postrado, porque él sostendrá su mano.
- Tendrá suficiente dinero en su ancianidad.
- Su descendencia estará cuidada y será una bendición para otros.
- Será preservado por Dios para siempre.
- Su boca hablará sabiduría y su lengua hablará justicia. (Aprenderá de Dios y será capaz de transmitir su sabiduría para ayudar a otros.)
- Estará a resguardo del peligro y de la condenación.
- Dios le exaltará.
- Verá la destrucción de los malvados.
- Dios le librará; él será su fuerza, su ayuda y su salvación.

Esta es una lista fabulosa, ¿no le parece? No obstante, todas ellas son promesas específicas para usted, si confía en su provisión. ¿Vale la pena vivir por fe? Si alguna vez la ha experimentado, no podrá acostumbrarse a la rutina ordinaria. Vivir una vida de fe es como caminar sobre una cuerda floja. Es una experiencia emocionante.

En el siglo XIX, el acróbata Jean Francois Blondin se hizo famoso por cruzar repetidas veces las cataratas del Niágara sobre una cuerda floja, sin red de seguridad. Un día se juntó una multitud para presenciar un intento más difícil todavía. Consistió en empujar una carretilla cargada con un pesado saco de cemento a lo largo de la cuerda. Con aquel peso extraordinario, el más mínimo error de cálculo podía volcar la carretilla y precipitar al artista desde unos 50 metros de altura hacia una muerte segura en las turbulentas aguas.

Miles de personas contenían la respiración a medida que el acróbata avanzaba a paso de tortuga sobre la cuerda y empujaba en silencio la carretilla a lo largo de un abismo invadido de bruma, haciendo caso omiso al rugido del agua bajo sus pies. Cuando llegó al otro lado la multitud rompió en un gran clamor y le vitoreó. ¡Qué hazaña tan fabulosa! Un poco después, el señor Blondin retó a un reportero: «¿Cree usted que yo puedo hacer cualquier cosa sobre una cuerda?»

—Ciertamente, señor Blondin —comentó el reportero—, después de lo que he visto hoy no me cabe duda. Es capaz de cualquier cosa.

—¿Cree entonces —dijo Blondin— que en vez de un saco de cemento, yo podría poner a un hombre en esta carretilla y llevarlo, sin red protectora, hasta el otro lado?

—Por supuesto que sí, señor Blondin —repuso el reportero—, claro que lo creo.

—Muy bien —dijo Blondin—, entonces súbase.

El reportero palideció y desapareció rápidamente entre la multitud: una cosa es creer, y otra bien distinta, tener fe incondicional en alguien.

No obstante, hubo una persona que tuvo esa clase de fe en Blondin. Aquel valiente voluntario aceptó subirse en la carretilla y cruzar las cataratas con el maestro acróbata.

Cuando Blondin descargó el saco de cemento y subió al pasajero en la carretilla, hubo espectadores que se lanzaron a hacer apuestas a ambos lados de las cataratas. Luego, mientras el gentío aclamaba, Blondin inició su travesía de vuelta, empujando en esta ocasión a un pasajero nervioso que le acompañaba. Daba la impresión de que sería otra conquista fácil para el temerario equilibrista. Pero cuando llegaban por la mitad de la cuerda, de 488 metros de longitud, un hombre que había apostado fuertemente contra ellos, se agachó y cortó una de las cuerdas. De repente la cuerda empezó a oscilar violentamente hacia ambos extremos y la fuerza de la sacudida iba ganando intensidad. Mientras Blondin se esforzaba por mantener el equilibrio, estaba consciente de lo cerca que rondaba la muerte. Cuando el aro de la carretilla se saliera de la cuerda, ambos se precipitarían de cabeza sobre las agitadas aguas.

Blondin trató de aliviar el terror de su pasajero: «¡Ponte de pie! —le ordenó—; ¡ponte de pie y agárrate a mis hombros!» El hombre estaba paralizado.

—Vamos, ponte de pie, sal de la carretilla ¡Es cuestión de vida o muerte!

El hombre se las arregló para ponerse de pie y abandonar la oscilante carretilla.

—Échate a mi cuello. Ahora pon las piernas...sobre mi cadera —dijo Blondin.

De nuevo el hombre obedeció y se aferró al acróbata. La carretilla cayó y desapareció en la espuma revuelta del precipicio. El acróbata mantuvo el equilibrio recurriendo a sus años de experiencia y a sus músculos bien entrenados, y logró permanecer sobre la cuerda hasta que el balanceo cedió un poco. Luego fue avanzando, ganando centímetros, con el hombre a cuestas, como si fuera un niño. Por fin, lo descargó sobre tierra firme.

Esto es lo que significa vivir por fe. Hay que tener plena confianza en aquel que le transporta al otro lado. Es mucho más fácil decir que uno cree en Dios. Pero, ¿está dispuesto a ser transportado sobre una cuerda, a gran altura, sobre el agua que ruge abajo? Usted puede pasar por esa experiencia. Puede disfrutar la emoción de confiar en Dios y de ver cómo satisface sus necesidades.

A esto se reduce el vivir por fe. Fe en Dios. No en un sistema ni ritual alguno. Fe en una persona viva; fe en quien le ayudará a realizar el cometido que le ha concedido. Él tiene grandes retos preparados para usted. Desea que usted juegue un papel importante en la carrera más emocionante de la historia, la de llevar el Evangelio a toda criatura. Él quiere que usted rinda al máximo de sus posibilidades, para él y para el mundo que le rodea. Acepte el desafío. Arriésguese por él. Confíe en él. Atrévase a vivir al filo de lo imposible.

Apéndice: La creación de la riqueza y el alivio de la pobreza

Por Don Johnson

Acaba de amanecer. Dos hombres aguardan ante un semáforo para cruzar la calle. El más alto está impecablemente vestido, acicalado con una cartera de piel bien sujeta bajo el brazo. El otro viste ropa raída; unos pantalones no bien ajustados revelan que no lleva calcetines. El harapiento ofrece un aspecto débil y triste; su rostro, joven aún, parece arrugado por la frustración y la desesperanza. Tirita en el aire frío de la mañana, se siente extrañamente oscurecido por el sujeto alto, confiado, que sigue decididamente su rumbo.

Los ciudadanos de a pie suelen pasar por alto estos contrastes. Sin embargo, de vez en cuando, escenas similares quedan grabadas en nuestra memoria y nos obligan a reflexionar. Estos contrastes son evidentes en cualquier lugar del mundo. Ocurren tanto en las naciones desarrolladas como en las que están en vías de serlo, en todos los sistemas económicos que rigen en el mundo. Es el abismo que separa al rico del pobre. La desigualdad evidente de las clases sociales. Digámoslo claramente: unos individuos y familias disfrutan los beneficios de las posesiones materiales, el éxito económico, las oportunidades educativas y el prestigio social, mientras que otros padecen necesidad, hambre, enfermedades e ignorancia, debidos en parte a su precaria condición económica. La pobreza es una triste realidad que anega a este mundo, una plaga que perdura.

Pero, ¿cuáles son las causas de la pobreza? ¿Cuáles las del éxito?

Estas importantes cuestiones han engendrado teorías políticas, volúmenes de textos especulativos y movimientos revolucionarios en todo el mundo. Muchas personas creen que la riqueza es limitada, que ha sido distribuida injustamente; que hay que redistribuir la riqueza del mundo equitativamente para compensar el desequilibrio entre ricos y pobres. Algunos activistas políticos también creen que el mal brota de un sistema externo injusto. Para ellos las causas externas —la sociedad, el gobierno, etc.— son las que provocan los problemas morales. El hombre es perverso por culpa del sistema.

Muchas de estas ideas tienen buena lógica. Pero puede ser que algunas de las premisas estén basadas en ideas falsas. ¿Tiene la riqueza límites? ¿El hecho de que un hombre sea pobre es efecto de que otro sea rico? ¿Depende la economía del mundo opulento de un sistema basado en la explotación y la astucia? ¿Han acumulado los ricos impíos una porción injusta de la riqueza mundial, a costa de los pobres? ¿Son los ricos causa de la pobreza?

¿Podría suceder que la riqueza no tuviera límites? Tal vez sea creada. ¿Sería ésta una mala noticia para los pobres?

¿Es posible que la nueva riqueza sea ilimitada en ideas, inventos, trabajo honrado y servicio a los demás? Suponga que un hombre próspero no sea malvado. Pero, ¿cómo podría ser esto?

¡La riqueza se puede crear!

Se requieren ideas, carácter y un gobierno que proteja la igualdad de oportunidades.

Ideas

Las ideas son la principal fuente de creación de riqueza. Toda persona ha sido creada a imagen de Dios y posee una fuente única de originalidad, un pozo de ideas inagotables. La riqueza sólo está limitada por las ideas personales o puede ser tan ilimitada como el genio creativo.

Los recursos naturales no son la causa de la creación de la riqueza. El petróleo no fue considerado recurso hasta que alguien inventó el motor de combustión. Uno de los sofisticados componentes de la enormemente expansiva industria de la cibernética es el microchip. Esta pieza está fabricada a partir de un elemento natural llamado sílice, elemento que abunda en la arena. Si los recursos naturales fueran la causa de la riqueza, entonces Japón y otras naciones que forman el cinturón asiático oriental seguirían siendo muy pobres, ya que están casi desprovistas de recursos naturales.

El espíritu humano es la fuente principal de creación de riqueza. La gente no ha de permanecer pasiva frente al reto de la opresión y la pobreza. La prosperidad brota desde el terreno de las ideas, el ingenio, la inventiva y las actividades que realizan millones de artistas de la pequeña empresa. ¡La creación de una pequeña empresa es un verdadero arte!

Las buenas ideas empresariales deben de estar al servicio de las necesidades ajenas para ser exitosas. La creación de la riqueza no es una actividad meramente egoísta, sino más bien una oportunidad especial de servir creativamente a los demás.

Carácter

El carácter es una cualidad moral. Es la suma de toda una vida de pensamiento, de acciones, hábitos y motivos de vida de una persona. Es un modelo particular —conseguido a base de esfuerzo propio— de pensamiento y conducta. El carácter afecta la calidad de las ideas y la creatividad. En el fértil jardín de la empresa de éxito es necesaria una semilla de pensamientos y motivos puros. Los hombres fueron diseñados por Dios para ser buenos administradores de su creación. El hombre debe ser un depositario fiel, capaz de transformar las materias primas para conseguir un gran valor añadido y prestar un servicio a otros seres humanos.

Los hombres (y las mujeres) deben de ser diligentes, disciplinados y sabios planificadores para producir riqueza, no meramente consumirla. Deben asumir riesgos, hacer sacrificios y trabajar esforzadamente. Los hombres malvados serán culpables de codicia y de retener el salario justo de sus empleados con tal de amasar más fortuna, pero hace falta un hombre virtuoso para obtener y crear una riqueza que sirva a la sociedad. La compasión por los pobres es un rasgo de carácter virtuoso que procura aliviar la pobreza. Un hombre compasivo se esforzará por encontrar formas de estimular el desarrollo económico en las nutridas filas de los pobres.

Gobierno

El objeto de los gobiernos civiles es proteger y servir a sus ciudadanos. Un gobierno justo no se adueñará ni usurpará los instrumentos de creación de riqueza del pueblo. El estado debe de existir para el hombre, no el hombre para el estado.

Dios ha concedido a las personas talentos sin atender a su posición social. Él ha concedido dones potenciales a los pobres, en espera de que sean desarrollados. La sociedad debe organizarse de tal forma que proporcione oportunidades a los pobres para que puedan expresar sus talentos escondidos. El gobierno debe comprometerse a garantizar que los pobres y los necesitados obtengan oportunidades y protección para fomentar la empresa productiva de sus ideas y destrezas. No se debe caer en el error de creer que los pobres pretenden conseguir un pedazo de la torta limitada de la riqueza. En realidad la sociedad se verá beneficiada por su progreso.

El gobierno se debe disciplinar a sí mismo para servir y respaldar el desarrollo moral y económico. Se puede entorpecer la creatividad mediante un sistema altamente impositivo. No obstante, unos impuestos razonables proveerán los medios necesarios para el buen funcionamiento del papel limitado que juegue el estado en el desarrollo económico. Es necesario que existan gobiernos justos que recorten la ganancia deshonesta de los malvados y la explotación que hacen de la creatividad ajena. La delincuencia no debe prosperar.

El estado debe respetar el derecho a la propiedad de sus ciudadanos. Un gobierno prudente debe entender que, aunque no pueda legislar la moralidad de corazón, sí puede inhibir la inmoralidad promulgando leyes y prescribiendo retribuciones adecuadas. Las instituciones gubernamentales, morales y económicas, no deben competir entre sí, sino colaborar unas con otras y esforzarse para crear una sociedad justa y protectora.

¿Cuál es la causa de la pobreza?

Una de las muchas causas de la pobreza estragadora, institucionalizada, crónica, es la opresión injusta que sufren los individuos. La pobreza suele ser el efecto de los malos hábitos y del carácter de las personas. Puede ser causada por la perversidad, la bebida, la frivolidad, la inmoralidad, la irreflexión impulsiva, la tacañería, la mezquindad y la simple pereza. Algunas personas son víctimas inocentes de la pobreza. Hay mujeres y niños abandonados por padres irresponsables. Hay hombres codiciosos que a veces cometen terribles injusticias contra hombres honestos. Con todo, la triste realidad es que muchos son artífices voluntarios, agentes responsables de su propia pobreza y destrucción. Por tanto, extender la mano para ayudar a los pobres es un acto de gracia y de misericordia. Las víctimas de pecados de abuso deben ser justamente defendidas. Los gobiernos deben estimular y recompensar a los que extienden una mano compasiva y a los que defienden la justicia.

La liberación de los pobres

Por tanto, si la riqueza en verdad se crea, no es limitada. Estas son buenas noticias para los pobres, ya que si se vuelven a Dios en busca de ayuda, él promete cubrir sus necesidades conforme a sus infinitas riquezas en gloria. Él les dará ideas y les ayudará a desarrollar un carácter y una sabia estrategia de administración. La liberación de los pobres de la devastadora atadura moral del pecado, y su protección de los pecados que se cometen contra ellos, son factores fundamentales para el alivio de la pobreza. No necesitan instigar una sublevación armada para arrebatar por la fuerza lo que les corresponde. Pero deben tener una oportunidad para crear la riqueza que les permita satisfacer sus necesidades.

Los gobiernos deben ser modelados por el hombre para servir al hombre. Este vale más que el estado. La tarea del estado consiste en proteger al individuo de la tiranía y proporcionar igualdad de oportunidades para que los pobres puedan expresar sus talentos creativos. Éstos deben ser estimulados a ser partícipes de la liberación de su propia pobreza.

Las instituciones morales y políticas deben estimular a los ricos a ser generosos con los pobres, a ayudarles a formarse, educarse, y a abrir pequeñas empresas. A medida que éstos vayan saliendo de la pobreza, ellos mismos deberán animarse a prestar ayudar a otros. La riqueza es un medio para un fin, no un fin en sí mismo. La creación de riqueza es el instrumento más poderoso de que se dispone para liberar a los pobres de la tiranía y la opresión demoledora de la pobreza.

Cuando la creación de riqueza no es más que un medio, siempre se recogerá libertad.

Nota: Don es misionero; trabaja con JUCUM en un país en vías de desarrollo. Hemos de reconocer que ésta es una cuestión compleja, pero razones de espacio no permiten a Don tratar aquí otros factores relacionados, tal como una adecuada aplicación de ideas, la disponibilidad de recursos y la formación para el éxito. —*Loren Cunningham*

Acerca del autor

Loren Cunningham es fundador de Juventud con una Misión (JUCUM), organización misionera internacional abierta a todas las denominaciones cristianas. Es tres veces licenciado, master en ciencias de administración de la educación y dos veces doctor honorario.

Desde su fundación en 1960, JUCUM ha enviado obreros por todos los países del mundo a predicar el Evangelio de Jesucristo a millones de personas.

El ministerio de Loren le ha llevado a visitar todas las naciones de la tierra. Ha escrito otros tres libros: *¿Eres tú, Señor?*, *Cómo triunfar con Jesús* y *¿Por qué no la mujer?*